わが子を
「内定迷子」に
させない!

親が伸ばす
子どもの就活力

小島貴子 著

同文舘出版

はじめに

今回、東日本大震災で被災された皆様には心からのお見舞いと、亡くなられた方々には心からのご冥福をお祈りします。

震災の前から現在まで、就職氷河期と言われて久しい時代が続いています。ひと昔前までは、就職活動は学生が自ら考えて行なうもので、親の役割と言えば、それを励ます程度でした。

私たち親が20代の頃は、バブル期に代表されるように、日本が上へ上へと向かっていましたが、バブルがはじけて20年以上経った今、新たな価値を作っていく時代に入ったと実感しています。

これからの時代の「豊かさ」とは何でしょうか？　「皆一緒」から「個」へ向かう、ある意味個人ひとりひとりが自分の「始末」ができることが大事になってきたのでは、と感じています。

しかし、現代のような複雑な社会背景や就活のプロセスにあって、学生がひとりで就活に立ち向かうのは、もはや困難な状況と言えます。

学生によっては、就活が人生初めての「壁」という場合も少なくありません。そこで、もっとも身近で、一番強力に手を差し伸べてあげられるのは、親であるあなただと言っても過言ではないのです。


また、少子化が進み、親が子どもに対してかけるエネルギーが増えたことで、より密接な親子関係となっているのも特徴です。ひと昔前の学生と比べて、自分ひとりでは物事を決められない傾向にあります。自分が選択と決断をできなければ、自立しているとは言えません。

たとえば、年度初めに自分がこの1年間に受ける講義（単位）の決定を親がかりで行なったり、私自身、まず親から大学生の子どもの就活に関する相談を受け、その後お子さん本人と会う、ということも多くなりました。

一方で、就職は子ども自身の問題であり、「本人のことだからタッチしない」という親や、「今の就活はわからない」と逃げ腰になる親もいますが、大事なのは子どもの就活の悩みや不安を受け止め、支える姿勢を作ることなのです。

「親子で就活」する時代

実際に今、大学生を持つ親のための就活セミナーなども開催されており、私も各地で講演を行なっています。

このようなセミナーで親から寄せられる声の中で多いのは、「子どもが心配です。でも、親は今さら何ができますか？」というものです。大学生という、ある意味では立派な大人である自分の子どもの就活のためにバタバタしても遅いではないのか？　という親の気持ちは私にもよくわかります。

また、セミナーに参加する親子には、「ここで就職できなかったら、人生の終わり」というような悲壮感すら漂っている人もたくさんいます。

今、人生は80年と言われています。70歳くらいまで働く人もたくさんいます。そんな長寿の人生の中で、20歳前後で一生の仕事を見つける、というのは、やや無理があるとは思いませんか？

しかも、昔のように終身雇用とか年功序列の時代ではありません。企業間の吸収や合併で、明日突然、自分の会社がなくなることだってあり得るのです。

ですから、30歳くらいまでは「迷いの時期」として、もうちょっと気持ちを大きく持ってもいいと思うのです。

これはもちろん、「だから大学生のうちに就職しなくてもいい」とか「就職してもすぐに辞めたり、転職してもいい」と言っているのではありません。これから先、長い人生だから、「ここですべてが決まる」と思うのではなく、この大学4年生での就活を「社会に出るための足がかり」として捉えてもよいのではないでしょうか。

就活時期は、ほとんどの学生が人生で初めて社会人や会社という組織と接する時期です。親は社会人の先輩として、ルールやマナー、服装といったことに関して、できるだけ具体的なアドバイスをしてください。

たとえば、スーツやシャツの選び方ひとつとっても、学生には初めてのことばかり。他人にはなかなか聞けないことなど、細かいことを親が教えてあげましょう。

また、「親の欲目」という視点も重要です。就活中には落ち込むようなことがたくさんあります。どんなに優秀な就活生でも、アップダウンがあって当たり前です。自信をなくしているわが子に対して、「大丈夫」「あなたならできる」と、どんなときでも励まし、子どもの心に余力を持たせてあげてください。

就活は、必ず結果の出る活動です。きちんと活動していけば、大丈夫なのです。子どもを信じ、しっかりサポートしてあげましょう。

今、親だからこそできること

ただ、最近相談に来る親子を見ていて思うのは、親と子が思い合うあまり本音を言えず、それぞれの想いがしっかり伝わらないままに、それぞれが勝手な行動をしてギクシャクしてしまうケースがあることです。子どもには子どものやりたいことや理由があります。まずはそこを尊重してあげましょう。

また、親が子どもを思うあまり、行動が先走ってしまうケースもたまに見かけます。たとえば、子どもの代わりに、学校や企業の就職説明会に問い合わせの電話をしたり、説明会そのものに出てしまったり……。行動したくなる気持ちもよくわかりますが、この就活は、親であるあなたの就活ではなくて、子どもの就活だということを、どうか忘れずにいてください。

特に、説明会や企業への問い合わせは、子供自身が行なうことで、小さなハードルを越えるきっかけになったり、企業の在り方をリアルに知ることのできるチャンスです。親がよかれと思ったことも、結果的に、子供が成長する機会を奪うことになる可能性もあるのです。

親子で丁寧に話し合って就活にのぞむことによって、親は子育てを振り返り、スムーズに子離れに移行することができます。親にとって就活は、育児や教育、しつけと、これまで子どもにいろいろな形で関わってきたことの集大成とも言えます。

また、子どもは親という協力な助っ人を得て、自分自身を深く掘り下げることができ、それが子ども自身の成長にも結びつき、ひいては納得のいく形で就活を終えることができるはずです。

私もこれまで2人の息子の就職活動を経験しました。そこで痛感したことは、親は、子どもの成長とともに「あるべき親の姿」に近づくものではないか？　ということです。

しかし現実問題として、子育ての真っ最中には「あるべき親の姿」を考える余裕はないかもしれません。私自身もそうでした。もう20歳を過ぎ、肉体的にも社会的にも成人であるわが子。その「成人した子ども」が、今まで経験したことのない試練に挑戦し、もがき苦しんでいる姿を実際に親として目の当たりにすると、これまでキャリアカウンセラーとして支援してきたこととはまた異なったものが見えてきたのです。

子供は、いくつになっても、親の評価を気にするものです。就活中の子供が、親の評価に左右されることなく、素直に「悩んでいるんだよね」「不安だよ」と言うことができ、そして親自身も自分の良し悪しの基準ではなく、今の子供の心をそのまま受け止めてあげることができる。それこそが、「あるべき親の姿」なのではないかと思います。

親とは違った自分の価値観が芽生え、自立していく思春期を過ぎ、自分自身の生き方、働き方の選択を迫られる就活では、一番身近な大人として親がしっかり子どもの心とその成長をサポートする必要があります。

そして、それこそが子育てのクライマックスでもあります。もちろん、これまでの子育て中もずっと、親は子どもの一番のサポーターでした。そして、これからもそうであることでしょう。しかし、就活が親子関係におけるターニングポイントであることは間違いありません。

本書は、厳しい就活で、単に親が何かをしてあげるという視点でのノウハウ本ではありません。

就活は、自分で探し、決断していくことの連続です。親の決めた行き先に子どもを向かわせるものではありません。しかし、激動の社会を生きていく第一歩として、親は子どもが望む目的地に着くまで、しっかりサポートしていく必要があるのです。

それは、親自身が社会の変化に気づき、親自身の働き方、生き方を再確認するチャンスにもなるでしょう。

親は最高のサポーターになれる

お子さんがまだ小さい頃、自転車が乗れるようになるために練習したことを思い出してください。最初はぐらぐらとバランスをとることもままならず、ちょっとこいでは右に倒れたり左に倒れたり……。親が後ろの荷台を持った状態なら数メートル進めるようになっても、油断するとまた倒れて……。でも何度も練習するうちに、だんだん乗れるようになり、最後はスイスイと、どこまでも自転車に乗って行ってしまったはずです。

自転車が乗れるようになること、それは就活で内定が出るまでの道筋と同じです。最初はなかなかひとりではうまくいきません。が、親がちょっとアドバイスをしたり、ちょっとサポートしてあげることで、次第にうまくなっていくのです。

そして、道路はキャリアです。道路はいつまでも続いていきます。道は滑らかだったり、オフロードだったり、時にはいったん切れてしまうこともあるかもしれません。自転車に乗っている子ども自身、自転車を乗り換えることもあるでしょうし、自転車の種類が変わることもあるでしょう。

人はいったん自転車に乗れると一生乗ることができるように、社会人としてのキャリアも、いったん始まると、ルートを変え、乗り物の形を変えて一生進んでいくのです。

わが子が自転車に乗れるようにサポートしてあげたように、就活でも子どもをサポートしてあげてください。親が自分で自転車に乗ってしまっては意味がありません。

自転車の後ろを支えて、「持っているから大丈夫、大丈夫」と言って、いつのまにか手を離して乗り方を教えた日のことを思い出してみてください。子どもも、一番信用できる親だからこそ、「後ろを持っていてね」と頼んでいたはずです。

就活では具体的に、自己分析をしたり、希望する会社を分析したり、自己PRや志望動機を考えたり、さまざまな自分を見つめる作業が必要になってきます。

そういった作業の中で子どもが立ち止まったり、迷ったりした場合には、親として、社会人の先輩として、ぜひ助けてあげてほしいのです。親として一番近くで子どもを見てきたからこそ、できるアドバイスがきっとたくさんあるはずです。

もしかしたら、そのために親のあなたが勉強する必要も出てくるかもしれません。でも、これが子育ての総括、そして子どもが親のもとを巣立つ最終段階として、親ができることだと考えて、できる範囲のことをしてあげてください。

たとえば、これまで頭ごなしにしゃべっていたのなら、就活では子供の話に耳を傾けましょう。これまで早く早くと焦らせていたのなら、この就活では落ち着いて丁寧に対応しましょう。子供の就活を見つめることは、自分の親としての振り返りでもあるのです。子どもはなんとか内定をもらおうと必死になっています。親もそれに寄り添ってあげる姿勢が必要です。

最終的に親子で納得できる結果が出れば、その後の親子関係もよりよいものとなっていくことでしょう。そして、この本がそんな親子をサポートする少しでも助けになれたら、と心から願っています。

二〇一一年七月

小島貴子

わが子を「内定迷子」にさせない！
親が伸ばす子どもの就活力

目次

1章 正解のない就活に親子で立ち向かうために
――「ウチの子は大丈夫」はなくなった

2章 親がまず知っておくべきイマドキの就活
——子どもの内定はどうやって出るのか？

3章 親子の価値観とコミュニケーション

――「親心」が子どもの就職を邪魔している？

4章 親子で伸ばす就活力
――わが子を「内定迷子」にさせないために

5章 親子で就活の「迷路」から抜け出すためのQ＆A
――子どもがつまずいたとき、どのように助けるか？

6章 子どもが社会人として活躍するために
——就職がゴールではない

編集協力　長谷川 華
カバー・本文デザイン　松好那名（matt's work）

1章

正解のない就活に親子で立ち向かうために

――「ウチの子は大丈夫」はなくなった

「はじめに」でも述べたように、現代の日本社会は日々刻々と変化しています。数年前には信じられなかったような企業間の吸収・合併が行なわれ、グローバル化が進んでいます。

そこにさらに２０１１年３月には震災が起こり、本当に今の学生たちは大変な状況に置かれています。

これまでの時代からは信じられない感もありますが、そんな彼らが納得のいく就活をするためには、親のサポートは欠かせない時代になりました。それは私自身が２人の息子の就活を経験して痛感したことでもあります。

そんな「今」の状況と、親としてどうしていくべきかの心がまえについてここでは考えてみましょう。

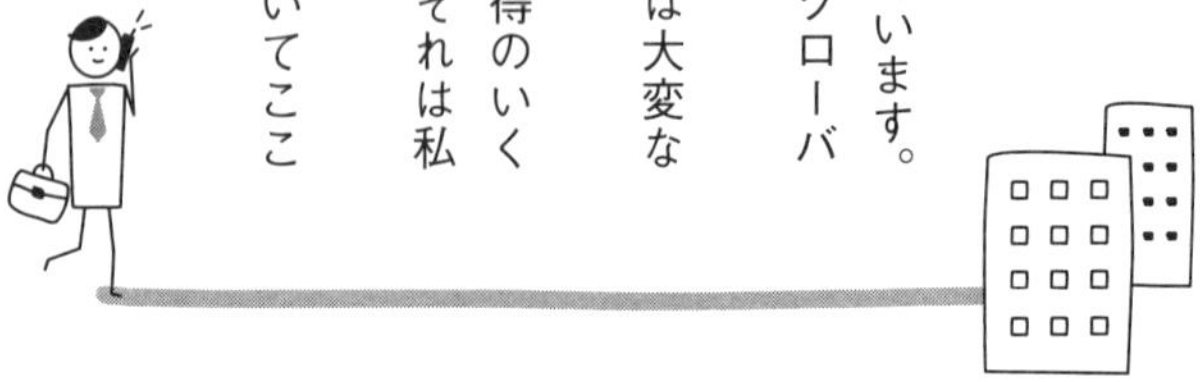

就活が親のサポートなしでは、できなくなった理由

◎ひと昔前と今では状況が違う

ひと昔前なら、親が大学生の子どもの就職活動に首を突っ込むなんて、考えられなかったはずです。

そもそも大学に入った時点で、単位を取るのも、卒業するのも、就職するのだって、その子次第というか、子ども任せ、というところがありました。親自身が学生の時代だってそうだったことでしょう。

ところが、この本の「はじめに」にも書きましたが、息子たちの就活経験も含め、現代は、もはや大学に入ったらあとはすべて子ども任せ、とは言っていられない時代がきていることを肌で実感しました。

◎親のサポートが必要なのはどうしてか？

では、なぜ今の時代、大学生にもなって親のサポートが必要なのでしょうか？　その理由は大きく分けると3つあります。

①求人数の減少や大規模な会社の倒産など、「社会が不安定」

つまり学生自身が何を信じていいのか、ひとりでは判断できない状況にあります。だから親のサポートが必要、ということです。

「社会が不安定」なことは、今の学生には残念ながらどうしようもないことです。しかし、一寸先が見えない社会で自分の行き先を決めるという不安は、実は内定が決まっても消えないものなのです。そうした不安は、働くことの意味や喜びを実感するまで続いていくと言えます。

②就職するためのプロセスが複雑で、ひとりきりで就活のさまざまな作業に挑むのはかなりの負担

この「プロセスが複雑」というのは、パソコンやインターネット、携帯電話の普及などもあって、世の中で行なわれていることのジャンルが広範囲にわたっているうえに情報量も多く、どんどん社会全体が見えにくくなっているということです。

さらに、長引く不況や震災などにより、大人の私たちでも慎重に行動しなくてはならないような社会状況が生まれています。

そこで具体的な行動レベルに対しても、親のサポートやアドバイスが必要になってくるというわけです。

③学生の自己肯定感の低さ

これは我われ親である大人にも原因があります。

就活のプロセスはどんどん複雑化している（②）のに、社会が不安定（①）などの要因で、学生が自分に自信を持てないまま成人している（③）という、正反対を向いているベクトルが、今の学生の就活を困難にしている理由のひとつとも言えます。

そこにきて2011年3月には東日本大震災が起こりました。複雑だった世の中に、さらに震災という未曽有の国難が降りかかり、当然、就活生もその影響を受けています。

家が震災に遭った人はもちろんですが、企業が震災の影響を受けたために内定が取り消されたり、就職するはずだった企業が被災してしまっているという例も少なくありません。

そういった中で、一番就活生に近い存在が「親」です。「親」は当たり前ですが、小さい頃から、一番身近な存在として、子どもを育ててきました。そして、一番子どものことを理解しています。だからこそ、タッグを組めば一番強力なサポーターとなり得る存在なのです。

本人が就活で納得できる結果を出すためにも、ぜひ親であるあなたには、そばにいてできる限りのサポートをしてあげてほしいと思います。

◎就活に正しい答えはない

最近は少子化の影響などもあって、競争社会に慣れておらず、人生における「失敗経験」が少ない学生も多いようです。それは、親ができるだけ子どもに失敗させないように育ててきたからでもあります。

「失敗経験」は失敗したその人を大きく成長させます。しかし、自分自身が大きく成長するような「失敗経験」を持たずに就活まで来てしまった学生にとって、ある意味、就活は大きな試練とも言えます。そんな学生たちが突然、「内定を得る」ための競争に放り出されてしまうのですから、右往左往するのも当たり前です。

たとえば、学生のこれまでの人生において「失敗経験」の代表的な例となるのが受験です。小学校から大学までの入学試験の合格不合格は、合格点に足りなかったという相対評価です。不合格の理由は、「自分の勉強が足りなかった」ということで納得ができます。

しかし、就活において内定が出る出ないは、「試験」つまり「学力」というものさしで測る「合格点」の到達度合いの差ではありません。

学生の中には、あまりに内定が出ないことが続くと、自分自身を否定されてしまうような気持ちになってしまう学生が少なくありません。就活には正しい答えなどなく、まして、どのやり方が正しくて、どれが正しい答えかなどは誰も教えてくれないからです。

そもそも失敗は悪いことなのでしょうか？　人は失敗からさまざまなことを得て学びます。失敗から学ぶことができる人は、「振り返る力」を持っている人です。たとえ失敗をしても、そこから成長することができるからです。

「結果主義」という考え方だけで就活をしていたのでは、就活を乗り越えることは厳しいでしょう。なぜなら、就活のプロセスにはたくさんの「ＮＯ」と言われる場面があるからです。書類が通らない、面接が通らない……これらはすべて、企業から子どもへの「NO」です。この「NO」でショックを受けたり、落ち込んだりしていたのでは前に進むことはできません。

就活では、この「NO」から学ぶことが大事なのです。「NO」を分析して、なぜ書類が通らなかったのか？ 面接でうまくいかないのか？ それを親がサポートしてあげる姿勢を作りましょう。


わが家の次男の場合、ある企業を最終面接で落とされたときには、私も相当ショックでした。不合格を伝える電話が、その企業の人事担当者からかかってきたときに、たまたま私もそばにいたのです。

次男が電話を切ったあとに、私がかけた言葉は「お疲れさま。しんどかったね」でした。就活で一番苦しいのは、どうして自分が落とされたかわからないからです。就活に答えはないので、落とされても、自分の何がいけなかったのかわからないのです。

息子が受けていたその企業は幸い、何で落ちたのか、理由を教えてくれました。「どうして採用しなかったのか、その理由を伝えないと、小島君が先に進めないと思うから」と、担当者が説明してくれたそうです。

この企業の人事の方は誠実な対応をしてくれましたが、結果だけの通知というのが一般的です。そんなときこそ、親がなって子どもが「落ちる理由」を一緒に考えてあげてください。

◎親子の距離感をどうとるか?

子どもを心配するあまり、ひと言余計なことを言ってしまったり、ついお説教口調になってしまうこともあるかもしれません。それは親子という血のつながった間柄であるからこそです。

ぶつかり合っても、わだかまりなく仲直りができるのも親子のいいところです。だからこそ親は、最高のサポーターになれるのです。

「子どもの就活に親が口を出すなんて……」などと言っていられたのはひと昔前の話。今は親子での就活が、内定への道とも言えます。

子どもは親の知らない世界でさまざまな体験をし、親の思っていることとは異なった個性や価値観が育っています。就活では、子どものことを決めつけないで接することが、子どもが相談しやすくなる最大のポイントです。

私の教え子のケースをご紹介しましょう。ある学生が、「私は母と話してもムダなんです」と言ってきました。

「どうして？」と私が尋ねると、「小島先生は、学生に対して『なぜ？』『どんな風に？』と聞いてくれます。でも、母は、私の言うこと、することは何でも全部わかる、と言い放ちました。自分の勝手な想像の私を私らしさと決めつけているんです。洋服の趣味が変わるなんて当たり前のことですら、母は理解してくれないのに、就活の話題なんて成立しません」と言うのです。

この親子は日常的には会話量も多く、一見、仲のいい関係に見えます。しかし、それは、子どもが親の決めつけ癖は治らないし、ムダないさかいをするのは面倒だ、と割り切っているからのようでした。

あなたも「うちの子どもはおとなしいから」とか「うちの子どもは文系だから」などと決めつけたりしていないでしょうか。

もちろん親だからこそできることと、親だからこそ、口を挟んではいけない部分があります。アドバイスひとつにしても、その子の性格によっては、効果的な場合とそうでない場合があります。本書では、その辺の距離感をどうとりながら、親が子の就活に関わっていけばいいかを考えていきたいと思います。

親だからできること、親だからしてはいけないこと

◎親子関係をよく見極めて

子どもの就活において最高のサポーターである親が、子どもに対してとるべき態度とは一体どのようなものでしょうか？

たとえば、何でもフランクに話せる親子関係の場合。最近ではこういった親子が多いと思いますが、この場合は、割とお互いに本音で何でも話せて、お互いにいい関係を築きやすいでしょう。意見の衝突があったとしても、お互いにうまく修復することができます。

特に母親と娘の場合には、こういった関係の親子が多いように思います。わが家の場合は母親である私と息子という関係でしたが、割と何でも相談してくれていたと思います。

つらいときには「苦しい。早く終わりにしたい」と心情を吐き出していたこともありました。そういうときは「そうだよね」「つらいよね」と相手の心に寄り添ってあげるだけ

でもいいのだと思います。子どもも話を聞いてもらう、今の心情を吐き出してしまうだけでも楽になるものです。

また、よく子どもの様子を見ていて、なんだか大変そうだな、もしかして行き詰まっている？　というときには、こちらから声をかけてあげることも大事です。

いきなり「就活どうなの？」とストレートに聞いても、相手も本当のことは言いにくいもの。そうではなくて、まずは「最近どうなの？」と声をかけてみます。すると向こうは「え？　何が？」とくるので、そこで「バイトとか、学校とか」と答えると、きっと「バイトも学校も問題ないんだけど、就活がね……」と話してくれる確率は高くなります。

向こうも「話を聞いてもらいたいな」「相談してみようかな」と思っていたりするのですが、なかなか突然は言い出しにくいもの。親の機嫌を伺っていたりもするので、言いやすい雰囲気にしたり、なんとなく会話の方向をそっちに持っていくというのもアリだと思います。

逆に、あまり今まで会話もなかった親子関係や、そんなにフランクではなかったり、親が何か言っても子どもがあまり聞く耳を持たないような関係の親子において、いきなり就活で親がサポーターになる、と言っても、子どものほうもびっくりしてしまうことでしょう。その場合には少しずつ距離を縮めていくことをおすすめします。

また、子どもが家を出てひとり暮らしをしている場合も同様です。

そういった親子の間では、いきなり就活の話というのは切り出しにくいもの。「そういえば、この間テレビで言っていたんだけど」「この本、就活におすすめらしいよ」といった風に、自分以外のものをきっかけにして会話を始めたり、話を聞き出したりするのもコツのひとつです。

◎マニュアルや周囲に振り回されない

学生と話をしていると、自分の頭で考えずに、何でもすぐマニュアルに頼って答えを得ようとすることが少なくありません。その場合には「ちょっと待った」をかけるのも親の役目と言えるでしょう。

また、「誰かがあの会社は××だと言っていた」「◎◎会社は面接で●●しないといけないらしい」などなど、就活中はさまざまな情報が飛び交います。もちろん周囲からの情報収集は大事です。しかし、それが単なる事実情報なのか、それとも悪意などのある噂なのか、そこはよく見極めることが必要です。

社会や企業の実情を知らない学生は、ちょっとした噂に振り回されがちです。根も葉もない噂に振り回されて面接がうまくいかなかったなど、もったいないことです。しっかり自分を持つようにアドバイスをしてあげてください。

さらに、不確実な情報や会社の企業秘密に関わるような情報をツイッターなどでむやみに発信するのも危険です。自分が発信する側に回ることで、周囲に混乱をきたしてしまう可能性があります。

今の時代は誰もが簡単に情報を発信する側に回ることができてしまいますが、そこには大きなリスクをはらんでいることを親子で自覚してください。

◎親はどんと構えていよう

エントリー・シートがなかなか通らなかったり、面接で思うように伝えられなかったり……就活中の子どもは時に不安定になります。

そんな弱った子どもの姿を見ていると、親もハラハラしてしまいます。その気持ちは本当によくわかります。心配が嵩じて、つい無神経な一言をかけてしまいたくなることもあるかもしれませんが、そこはぐっと我慢が必要です。
かといって、常に無関心でいるのもNGです。就活中の子どもにとって、親は常に「頼れる存在」でいたいもの。ましてや子どもは、それまでの居心地のいい安心できる場所（学校やサークルや仲間との場など）から、「会社」「企業」という未知の場所に出て不安でいっぱいなのです。

自分のときを思い出してもそうではなかったですか？　そのときあなたの親はどうしてくれていたか、思い出してみてください。きっと形は違っても、心配したり励ましたりしてくれたのではないでしょうか？

内心は心配で仕方なくても、見た目には（特に自分の子どもからは）、どん！　と構えている親でいましょう。親も子どもと一緒にハラハラドキドキしてしまっているようでは逆効果です。

大学は就活の予備校ではない

◎大学に何を期待をするべきか？

親の中には、大学が学生の就活を支援してくれる、お世話をしてくれると思っている方がいますが、それはちょっと違います。大学は「就職の予備校」ではありません。大学とは、学校の中の最高学府であり、「学問の場」です。そこを卒業して、学生自身がどういった道に進んでいきたいのかは、その学生自身が決めるべきことであって、大学が面倒を見ることではありません。

そのことは「学生」という呼称にも表れています。高校までは「生徒」という呼び方だったはずです。この「生徒」という呼び方には「生きて従う」という意味が含まれていますが、「学生」には、その意味合いはありません。「学んで生きる」、それが学生の在り方です。誰かに指示されるのではなく、自らの行動を選び取ってそこから学ぶ、それこそが、学生としての姿だと考えています。

さらに大学時代というのは、自由になる時間がたくさんありますし、行動に関しても、親からの制限がゆるくなります。そこをどう過ごすかによって、就活を迎えたときの学生の姿が変わってきます。

高校の延長のように与えられたものだけをこなして過ごしていた学生と、自由になる時間を使って学問を深めたり、本を読んだり、アルバイトやサークル活動などに勤しんだ学生とでは、精神的な成長度合いが異なってきます。

そしてその成長は、大学が促してくれるのではありません。学生ひとりひとりが考え、行動した結果としての成長とならなければいけないことなのです。

◎大学の就職支援と学生との関係

たしかに大学には学生課や就職課、キャリアセンターなどといったセクションがあり、学生の就活の支援をしてくれます。今の学生を取り巻く厳しい状況を受けて、大学では以前と比較すると比べものにならないくらい学生の就職支援に対して、大変な時間と手間とエネルギーをかけています。セミナーを行なったり相談室を開設したり、プロのキャリアコンサルタントが定期的に来てくれるところもあります。

もちろんこういったサービスを受けない手はありません。「就活でわからないことがある」「支援をしてほしい」と大学側にアクションを起こしてくる学生は、大学側も支援を惜しみませんし、そういう学生には、何らかの形で先が見えてくるものです。

が、一番大学側が頭を抱えてしまうのが、大学とコンタクトをとってこようとしない学生です。大学に来ていなかったり、そもそも大学にそういった支援セクションがあることすら知らない学生もたまにいます。

大学に直接来ている求人やOBとの関係など、その大学に在籍する学生にとって有効な就活の情報は、実は大学にあるのです。それは就職課だったり、ゼミの教授だったりすることもあるでしょう。

まずはあなたのお子さんが大学とつながっているか？　きちんと大学に行っているのか？　そこを確かめてみることも重要です。

何らかの形で大学とつながりがあればいいのです。授業のほか、サークルやクラブ活動など、人が集まるところには、情報も集まります。そこで就活に関しても、情報交換をすることができることでしょう。

また、たとえ大学に通っていなくても、大学の外にどんどん出て行っていて、自分で道を開けているようなタイプなら、それはそれで大丈夫だと言えます。

一番気になるのは、大学とも社会とも接点のない学生です。もし、子どもがそのような状態だった場合、就職課ではなくて、まずは学生相談室に相談してみることをおすすめします。学生相談室とは、学生生活全般について相談に乗ってくれる場所で、どこの大学にもあり、そこには専門のカウンセラーがいます。

最近は学生自身が相談に来ることも多いそうですが、本人に相談室にさえ行く気がないのなら、ここは親であるあなたがまず、相談室にコンタクトしてみてもいいと思います。

また、友人のいない学生のために、ボランティア活動を通したり、心理面のサポートをしながら人間関係を構築するプログラムを設けている相談室もあります。

いずれの相談室も、「私の子どもが、どうも大学と接点がないようで心配」だという相談には丁寧に対応してくれるはずです。多くの大学には、臨床心理士など専門の方がいますから、どうぞ安心して利用してください。

就活のプロセスも変わってきている

◎昔とは大きく異なる就活事情

ここからは、わが子を取り巻く〝就活事情の今〟について見ていきましょう。

まず最初に自分の就活を思い出してみてください。どんなことを就活で行ないましたか？ 今、大学3年生4年生の親御さんというと、バブル前に就活をした人がほとんどではないでしょうか。また、比較的年齢の若い親御さんの中には、バブル時代に就活をした人もいるかもしれません。この頃に自分の就活をした人はきっと、就活にさほど苦労をせずに、いくつもの会社から内定が出たのではないでしょうか？

世の中の動きを見てみると、もはやバブルのような時代が終わって約20年もの時間が経っています。その間に、ビジネスのグローバル化、インターネットの普及、そして日本経済の落ち込みにより、就活事情は大きく変化してきました。

就活のおもなプロセス

1 自分作業

まず必要な準備作業。志望動機や自己PRを固めたり、自分の志望する業界や職種について調べたりしていく。

- **自己分析**
- **企業研究**
- **業界&職種研究**

2 内定までの企業とのやりとり

志望する企業との具体的なやりとり。エントリー・シートを提出するところから始まって、筆記試験や、面接などいくつものプロセスを経て、内定となる。

- **企業説明会**
- **エントリー・シート提出**
- **筆記試験(SPI試験、一般常識、作文、語学など)**
- **面接(一次、二次、三次または役員面接)**
- **内定**

3 その他の要素

やっておくと就活に有利になる、またはここからアプローチしておくと、意外なメリットがある作業。

- **OB訪問**
- **リクルーター制度**
- **インターンシップ**

就活のプロセスについては2章で詳しく説明していますが、現在の就活には非常にさまざまなプロセスがあり、大きく分けると大体前ページの図のような流れで行なわれていきます。

◎インターネットの普及で就活はどう変化したか？

特に、学生の就活に大きな影響を与えたのがインターネットです。10年くらい前から、それぞれの企業がインターネット上でHPを持つのはもちろんのこと、企業説明会の告知や申し込み、エントリー・シートのダウンロードや提出など、ほとんどのプロセス（そうでない企業でも何らかのプロセス）は、インターネットを通じて行なわれています。今はインターネットなしでの就活は成り立たないと言っていいでしょう。

就活の第一歩として、企業へ学生が「自分を採用してください」「自分に内定を出してください」と名乗りをあげる（これをエントリーと言います）にも、インターネットが普及する前は、決められた日時までに「履歴書を郵送」する方法が普通でした。

が、急速にインターネットが普及すると、インターネット上からのエントリー（メールで履歴書などを送信する）が普通となり、エントリーの前段階の企業説明会（大別すると、企業が独自に行なうものと、複数の企業が場所を借りて行なうものと2種類あります）へ参加するための応募もネットで、といった状況が生まれました。

これではインターネットが使える環境にあるかどうかで、エントリーができるかできないかの「差」が生まれてしまうため（数年前に問題になったほどです）、最近では、エントリー・シート（企業が独自に作っていることが多いエントリーのための履歴書）はインターネット上からダウンロードしたものや、企業説明会で配布されるものを郵送で、という企業も多くなりました。近年はエントリーもインターネット上でという企業と、エントリー・シートは郵送でという企業と、割合としては半々ぐらいの状況で落ち着いています。

就活や卒論のため、学生のひとり暮らしでも、インターネットがつながっていてパソコンを持っているのは当たり前となったのも、時代を反映していると言えるでしょう。

ただし、インターネットですべて就活ができるかというと、決してそうではありませんので、そこは注意が必要です。実際にOB訪問をしたり、説明会に出席したり、そこからが本当の就活です。パソコンに向かっているからといって、「うちの子は就活をしていて安心」と思わないことです。

◎顔写真に見る就活の今

それ以外に、最近、変わってきたことと言えば、エントリー・シートに貼る顔写真の内容です。今はインターネットで「就活の写真」と検索するだけでも、３００万件近くのヒットがあるほどです。

ひと昔前なら、履歴書に貼る写真なのだから、髪型を整え、スーツを着て、きちんとした姿を撮影するのが当たり前でしたが、中には、「あなたが生き生きとしているところを貼ってください」という企業もあります。つまり、本人が生き生きとしている姿なら、真正面を向いた顔写真でなくてもいいということです（！）。

画一化された写真では、その学生の個性が伝わりにくい、ということなのでしょうが、親から見ればこの辺も驚きを隠せないところですよね。

ここで必要なのは、「生き生きとしているところ」を思い浮かべる前に、なぜ企業がそのような写真を求めているのか？　を考えてみることです。「なぜ」を問いかけるのは、親の大事なサポートのひとつです。

もちろん、これには正解はありませんが、私がこの企業の経営者にお話を伺ったところ、次のようなお返事でした。

「企業は成長することを前提に活動しています。学生はまだ仕事では未知数ですが、生きるエネルギーはすごいものです。ですから、そうしたエネルギーが溢れる姿を見たいですね。スーツ姿は、会社に入ったら毎日見られますから」

このような会社は珍しいケースかもしれませんが、企業がエントリー・シートの顔写真に求める意味を考えてみると、また違った写真選びができるのではないでしょうか。

◎リクルーター制度の復活

また、ここ10年くらい企業としては減らす傾向にあった「リクルーター制度」も復活の兆しを見せています。

これは人事の人間だけが採用活動をするのではなく、若い社員にも学生に会ってもらおうという、企業の意識変化の表れだと思います。実際にリクルーターに会ったからといって就活のプロセスがひとつスキップできるかというと（10年くらい前まではそういうこともありましたが）、そう甘くはありませんが、リクルーター制度は個人的には興味深いことだと感じています。

リクルーターという先輩（それも学生と年齢の近い）から見ると、就活生は「ちょっと前の自分」です。当然、就活生の気持ちがリアルにわかりますし、就活のために「デコレーション」していることもお見通しです。

こうしたリクルーター制度がいい採用につながっていく、と判断する企業が、最近増えてきています。インターネットでの採用が主流になったとはいえ、やはり決め手は「人」なのです。

「不況だから」「女子だから」「専門外だから」は通用する？

◎「不況」なのは皆同じ

長引く不況に続いて、東日本大震災と、就活生を取り巻く状況はなかなか好転しません。さらに、女子学生の場合には男女差別という問題に直面することも事実です。

まず、この不況を、子どもの内定が出ない理由にするのはやめましょう。ではなぜ、わが子に内定が出ないのか？　それは決して不況のせいではなく、子どものやり方、ここで大事なのは子どもが悪いのではなく、やり方に問題があるのだということです、にあるのです。

不況で、就活が厳しいのは皆同じです。その中で、いかに納得のいく就活ができるのかを考えていきましょう。

◎女子だから、と後ろ向きに考えない

また、女子学生の場合も同様です。「どうせうちの子は女の子だから」という考えを持つのは、これからの社会を生きていくにはもったいない発想です。

時折、「私はママのように、子供が学校から帰ってきたときに家にいたい」という学生がいます。たしかに、それもひとつの価値観です。また、親としては自分の子育てがよかったと言われているようで、うれしいものです。

しかし、学生は親と同じ時代に生きているわけではありません。「これからの社会で、そのような意識や生き方はリスクとならないだろうか？」という発想を持たせることも、親の役割ではないでしょうか。

日本企業における女子の雇用年数、管理職数などは、世界の中ではまだまだ少ないもので、本当の男女均等社会はこれからだと言えます。

今後、日本の少子化による労働力の低下を考えたら、女性の労働力を無視しては、国も企業も成り立たないのははっきりしています。また、女子学生の場合は、産休や育休制度など、女性を積極的に活用して、企業成長に貢献してもらおうという姿勢や制度が整っているかどうかも企業選びのポイントになってきます。

ここで注意したいのは、いくら制度が整っていても、実際にその制度が活用されているかどうかを見極めなければならない、ということです。

制度はあっても、会社の雰囲気がそういう制度を利用しにくいのであれば、意味がないのです。体裁を繕うために社内での制度は確立されていても、実際にその制度を利用している人がほとんどいない、という会社も残念ながらまだあります。実態がどうなっているかを知るためには、実際にその企業に働いている女性に話を聞くのが一番です。なかなかそういうルートがない場合には、同業他社で働いている人に聞いてみるというのも手です。

また、①会社の男女の構成比（特に年齢が上がるにしたがって女性が少なくなっていく企業は、その理由を考えてみることが必要です）、②部長、役員などにどれだけ女性がいるか、といったことも女性が活躍しているかどうかの目安になります。

女子学生の場合、今の時点で、本人が子どもを産むか産まないかなどは考えられないかもしれませんが、人生はどうなるかわからないもの。あなたが母親なら、女性という立場から「いろいろなことを想定して会社選びをしたらいいよ」とアドバイスをしてあげてください。せっかく希望の会社に入社できても、子どもを産むか産まないか、育てられるか育てられないかで、会社を辞めなくてはならなくなるのはもったいないばかりでなく、本人にとって残念なことです。

「不況」でも「女子でも」うちの子は大丈夫、という気持ちをまず親が持ちましょう。親がそういう気持ちを持っていれば、その気持ちは自然にわが子にも伝わることでしょう。

◎専門ではないから厳しい？

たとえば、芸術系の大学の学生が金融に就職したいと思ったとき。理系の学生が、経理の仕事につきたいと思ったとき。学生は「大学の専門とは全く違うから厳しいのではないか」と後ろ向きに考えがちです。しかし、たとえば、法学部だから法務系の部署で即戦力になってくれるなどとは、多くの企業は考えていません。

たしかに面接でも「どうしてうちを？」と聞かれやすいかもしれませんが、たとえば芸術系の学生なら「大学4年間は自分が一生かけて学びたい日本画の変遷を学んできました。しかし、社会人として働くこととはまた別のことです。そこで御社と……」と、企業を納得させられるだけの、きちんとした理由を述べることができれば、何の問題もありません。

人事が欲しがる学生は皆同じ

◎求められるのは自分の頭で考える力

よく誤解されがちですが、業界や業種で欲しい学生のタイプが違うかというと、実はそうではありません。

業界や業種が違っても、人事担当者が口を揃える欲しい学生のタイプとは「自分で考えることのできる学生」「成長意欲のある学生」です。

私が指導していて感じるのは、学生はすぐに正解を求めてしまいがちだということです。それは「失敗」を避けたいということにもつながるようです。欲しいのは「正解を得ることによる安心」で、答えが出るまでのプロセスを考えてみる力がどうも弱いのです。

何か物事に答えを出すためには、必ずそこに到達するまでのプロセスがあるはずですが、自分の知らないこと、わからないことに対して、「何？」「なぜ？」「どうして？」といった疑問を持つ習慣ができていないようです。

それでは、社会に出たときも、与えられたもの（課題や仕事など）をこなすのはうまくできるかもしれませんが、それだけのことしかできない人間になってしまいます。そして企業はそういった人間を求めていません。なぜなら、そのような人間ばかりの企業は成長しないからです。

社会に出たら、マニュアル通りとはいきません。どれだけ自分の頭で考えて仕事ができるか、それが、その人自身の感じるやりがいや、周囲の評価にもつながっていきます。

もちろん、最初は仕事を覚えるのに精いっぱいだったり、先輩から教えてもらわなければならないことも多いでしょう。でも、ある程度ひとりで仕事ができるようになったら、あとはどう仕事をしていくか？　そこはその人次第です。

自ら疑問を持ち、新しい分野を開拓していくことができなければ、企業の中で自分自身が成長していくこともできないことでしょう。

就活のプロセスには、この自ら発想し、伝えていく作業がたくさんあります。子どもは、こうした社会人に必要な力を、就活を通じて身につけていくのです。

◎時代を生き抜くための「タフさ」も必要

次に求められるのは、この時代を生き抜くための「タフさ」です。ひと口に「タフ」と言ってもわかりにくいかもしれません。

それは困難にぶち当たっても「ポジティブ」に「粘り強く」問題を解決しようとする「タフさ」とも言えるものです。こういった力は、用意された答えを丸暗記するだけだったり、何でもマニュアルがないと進められない学生には備わりにくい力です。

今、企業はものすごいスピードで変化しています。「変化はチャンス」として、それについていけるポジティブさを「タフ」と言ってもいいかもしれません。

神話のように語られている「体育会系は就職に強い」という話も、このタフさに通じるものがあるとわかっていただけるでしょうか。体育会に所属していると、競技を通じて状況判断や臨機応変に動く対応力、さらには上下関係といったことを、通常の学生より学ぶ機会が多いからです。

そしてこの力は、大学名や偏差値や資格といったもので計るものではない、真の意味での「人間力」とでも言うべき力です。「人としての底力」と言い換えてもいいでしょう。

こういった力こそ、業界や職種を超えて、今の日本に必要とされている力なのです。

企業の在り方は、大量生産をして利益だけを追求するひと昔前の形から、いかに社会と共存しながら競争していくか、という風に変わってきています。日本は今、既存のものから全く違う価値を生み出そうと世界と戦い、また新興国からは常に追われる立場でもあります。

そんな中で「自分の頭で考えられる力」、そして行動できる「タフさ」を持った人材が求められているのは当然のことと言えるでしょう。

あなたがわが子には「タフさ」がないと感じていたら、きっと子供自身も「自分は打たれ弱いから、社会に出てもダメかもしれない」と、就活に対して消極的になっていると思います。

そんなわが子のために「大丈夫、大丈夫！　就活でもまれて、這い上がって、タフになっていくんだから。今、弱気な自分に気づくことができたのはラッキーだよ」と、勇気を与えてあげてください。口頭では気恥ずかしいというときには、携帯メールなどで伝えるのもいいかもしれません。

◎自分らしく仕事をすること

せっかく人生の多くの時間を「仕事」に費やすのですから、わが子にも、自分らしくて、自分が納得できる仕事をしてもらいたいと思いませんか？

その人が持つ能力、その人しか持ち得なく、どこに行っても通用する力を持っている人こそ、これからの社会で求められる力です。

もちろん入社したての頃は、与えられるものばかりでしょう。が、その与えられた仕事にだって、自分らしさ、つまり創意工夫というものを発揮させることができるのです。

もし、それがマニュアル通りだったら、その仕事を担当するのは別に自分でなくてもいいことになってしまいます。それこそ、自分の存在価値がなくなってしまいませんか？

自分なりの創意工夫を発揮できる学生も、今の企業が求めている能力のひとつです。

社会人としての自分らしさは、子どもが成長していく中で段々と実感していくことができるでしょう。

自分の子は社会にどう映るのか？

◎わが子を客観的に見つめる

一度よく考えていただきたいのは、「うちの子は、社会に出たときに人からどう見えるか？」ということです。

おすすめしたいのは、他人に自分の子どもを客観的に評価してもらうことです。

わが家の場合もそうでした。次男は割と物怖じしない性格だったので、就活中に私が友人と食事をするときでもやって来て、一緒に彼の就活の話をしたりしていました。

そのとき、友人が言いにくそうに、「小島さんは息子さんを客観的に見ることができている？」と、尋ねてきました。「就職支援のプロの小島さんの息子という立場だと、本人も結構プレッシャーがあると思うよ」ということでした。

私は、日頃息子がいろいろな相談をしてくるので、それを受け止め、順調に支援をしているつもりでしたが、友人から見ると「小島貴子の息子としてふるまう」息子に見えたのだそうです。

私は、息子にいらぬ仮面とプレッシャーを与えていたのかもしれません。その後、なかなか就活が進まなかった息子は、「僕に内定が出なかったら、母さん、面子がつぶれる？」と不安そうな顔で聞いてきたのです。

私は「全然！　つぶれるような面子もないし、母さんが就職支援をやっていることなんて気にせずに、自分の思ったことをやりなさい。困ったときに、いつでも聞いておいで」と答えました。

親の社会的な立場などで委縮することも多くあることですが、それはわが子も同じだったのだと、思い知った経験のひとつでした。

子どもは親が考えている以上に、親に心配をかけたくない、うまくいかない自分を見せたくない、と思っています。親心があるように、「子心」もあるのです。

親の欲目は必要だとも言いましたが、一歩引いて、他人から見たら息子や娘がどう映るかについても、知っておいて損はありません。

◎親であるあなたも前向きな気持ちで

これまでの子育てにはさまざまな苦労がありました。でも子どもがいたからこそ、大きな喜びや気づきも得られたはずです。このことは就活でも同じです。

子どもと一緒に今の日本の社会や世界のことを知るつもりで、前向きに学んでみてください。そのためには、親のほうが意識を変えていく必要もあるかもしれません。しかし、その前向きな姿勢は子どもにとってもいいお手本となりますし、自分にとってもいい刺激になり、新しい世界が開けていくことでしょう。

私は日頃、学生に対して、今の日本が困難な状況にあるからこそ、これからどうなるのかという不安を自分の未来の可能性と捉え、小さな力でもきっと社会に役立つことができると思って就活にのぞんでほしい、と伝えています。

2章

親がまず知っておくべきイマドキの就活

――子どもの内定はどうやって出るのか？

まず、今の就活事情は自分たちの時代のそれとは違っていることを認識してください。

昔は、乱暴に言ってしまえば、いくつかの企業に履歴書を書いて数回面接するというとてもシンプルなプロセスだったと思います。

そんな時代と比べると、今は、情報量も多く、学生のやらねばならない作業も膨大です。

もちろん、そんな今の就活事情が「正しい」と私は思いません。

しかし、社会のこの状況を変えるのには時間がかかります。

今、大学生で卒業後に就職をしなければならない、という切迫した現実がある限り、その今の就活事情に抗うことはとても難しいでしょう。

そんなジレンマを抱えながら、それでも就活をしなければならない学生をしっかりとサポートをするためにも、この章では現代の就活事情をよく知ってもらえればと思います。

就活のプロセスで親のとるべきスタンス

◎まずは流れを知っておこう

1章でも説明したように、時代に合わせて変化している現代の就活事情。こういった状況に合わせて、親はどんなスタンスをとればいいのでしょうか？

まず次ページに就活の大まかな流れをご紹介しましたので、頭に入れておいてください。内定が出るまでの基本の流れは、エントリー・シートの提出と面接（面接は3回程度行なうのが通常です）、と考えてもらって構わないと思いますが、それ以外にやらなければならないこととしては、自己分析、企業研究、企業説明会への参加やSPI＆筆記試験対策、インターンシップへの参加といった要素があります。

最初の「1自分作業」は具体的な就活に入るまでにやっておかねばならない作業です

内定までのプロセス

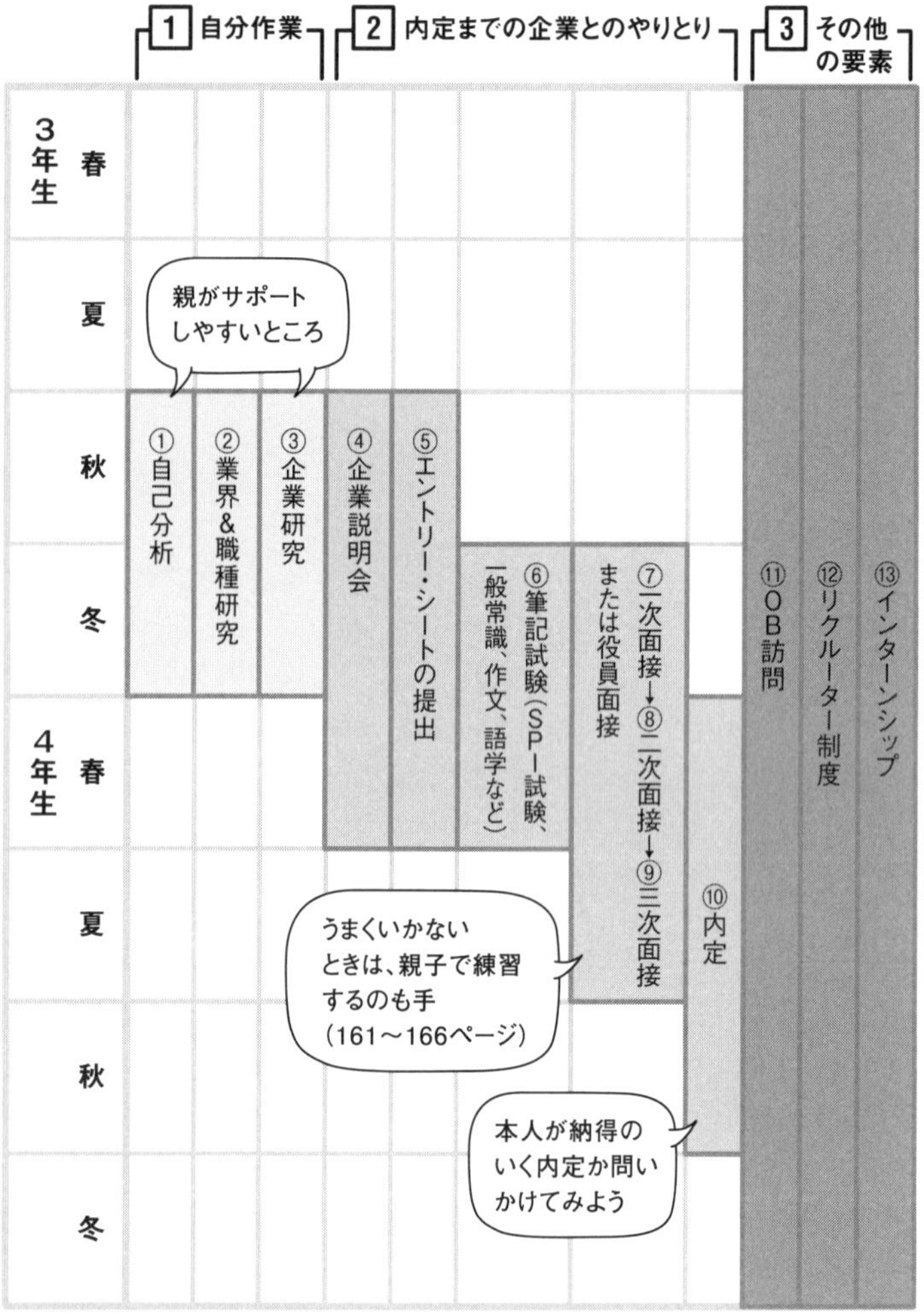

1 自分作業
2 内定までの企業とのやりとり
3 その他の要素
3年生 春
夏
秋
冬
4年生 春
夏
秋
冬
①自己分析
②業界&職種研究
③企業研究
④企業説明会
⑤エントリー・シートの提出
⑥筆記試験（SPI試験、一般常識、作文、語学など）
⑦一次面接→⑧二次面接→⑨三次面接 または役員面接
⑩内定
⑪OB訪問
⑫リクルーター制度
⑬インターンシップ
親がサポートしやすいところ
うまくいかないときは、親子で練習するのも手（161〜166ページ）
本人が納得のいく内定か問いかけてみよう

が、実際には就活と平行して行なうことも多々あります。が、本人にすでにやりたいことがはっきりしているなら、その業界や職種に関する研究は、どんどんしていったほうがいいでしょう。

この流れに関してはこの章の66ページから具体的に説明していきますので、詳しいことはそちらを参考にしてください。

◎企業がなぜ採用活動を行なうのかを考える

基本はエントリー・シートと面接なら、自分たちの時代とあまり変わらないではないか？　と思うかもしれませんが、エントリー・シートを書く、これが大変な作業です。

企業はその企業ごとにオリジナルのエントリー・シートを作成しているところがほとんどです。業界はもちろんのこと、企業ごとに、記入する欄の質問内容が違ってきます。もちろん企業の用意しているその質問ひとつひとつに答えを書いていかなくてはなりません。いい加減なことや中途半端なことを書いたり、同じ内容をそのまま使い回してしまうと、先方にすぐに見破られてしまうので注意が必要です。

各企業がエントリー・シートで用意してくる質問は、その企業や業界をよく知っていなければ書けない質問だったり、自分自身をよく分析しなければ答えられないような質問ばかりです。

そのため、企業や業界をよく知るためには、「②業界&職種研究」「③企業研究」が必要になり、自分自身をよく知るためには「①自己分析」が必要になってきます。

これらの作業は、簡単にできるものではなく、特にこの「①自己分析」においては、親がヘルプできる要素が多いと言えます。「①自己分析」については後程詳しく述べたいと思いますが、ここで忘れてほしくないのは、なぜ企業がこのように手間暇をかけて採用活動を行なうのか？　ということです。

これは企業がエントリー・シート、ＳＰＩや筆記試験、面接といったプロセスを通して、その学生が社会に出て通用できる力を持っているかを見ているからです。エントリー・シートなら、文章に自分の考えをまとめる力があるか？　ＳＰＩや筆記試験なら、一般的な常識や知能があるか？　面接ならきちんとした受け答えや、人とのコミュニケーションができるか？　といった能力を見ています。

これらの能力はどれも社会に出たら必要な力ばかりです。しかもこれらの力は、男女、理系文系、業界職種が違っても基本的に必要な力ばかりです。

就活は社会の一員となるための準備期間

◎就活を通して成長する学生

就活では、たくさんのこれらのプロセスを経て、内定が出されるわけですが、少し視点をずらして見ると、これらのプロセスを行なうことで、学生は社会に出るための準備を行なっていると考えることができます。もちろんこれらの作業は時間も手間もかかるものですが、やったらやっただけ、社会に出たときに役に立つこととなってきます。

言い換えれば、すべての就活で行なうプロセスには、その場限りの内定をもらうためだけのものではなく、社会人になってからも必要なさまざまなスキルが含まれているのです。学生を採用する企業の側は、これらのプロセスを通して、学生の社会に出てからの能力を見ています。

たとえば、エントリー・シートでは、相手に納得させるだけの「文章を書く力」が必要です。この力は、就職後も議事録や報告書、企画書といったビジネス文書をまとめる力に必要となってきます。グループディスカッションでの能力は、取引先と交渉したり、時間内に調整したりする場面で必要です。就活全体では、社会人と接することで、言葉づかいやお辞儀の仕方といったマナーを学ぶことでしょう。

また、よく就活の面接で圧迫的な方法をとる企業が問題になります。でもなぜその企業が圧迫面接的なことを行なうのでしょうか？　それはその企業に入ったら、それぐらいプレッシャーのかかる場所で仕事をする必要が出てくるからです。おそらく採用する企業側にしても、そのような圧迫面接をしたくてしているわけではないと思います。

でもその企業で働くためには、それぐらいのプレッシャーに負けてしまうような人材では困るということなのではないでしょうか？（もちろんそれは学生にとっては理不尽なことではありますが……）

その企業で働きたいと思うのであれば、甘んじてその圧迫面接も理解しつつ、さらにそれをクリアする必要が出てくるのです。

◎「伝える力」を持とう

さらに企業が、採用活動を通じて見ている「学生の力」があります。

まだ社会に出たこともない学生を採用するのは、ある意味、企業側にとっても「賭け」でもあります。その能力はもちろん未知数で、実際に社会に出てみなければわからないところがあったりもするのは事実です。

そんなとき、企業がその学生を採用するかしないか判断する際の決め手になるのが、学生の持つ「伝える力」です。

社会に出たら、上司を納得させたり、仕事相手を説得させたりしなくてはならない機会が多くあります。そのため、この相手に何かを「伝える力」は、働いていくうえで必要な基礎的な力のひとつと言ってもいいでしょう。企業は学生の持つ「伝える力」を、エントリー・シートや面接といった一連の就活のプロセスを通して見ているのです。

◎独りよがりは禁物

どんなにエントリー・シートや面接で自分をアピールしたとしても、それが採用している側の企業の採用担当者に届かなければ、単なる「独りよがり」になってしまいます。

いかに自分がその企業にとって、役に立てる人間か？　どうしてその会社に入りたいと思っているのか？　それが相手に正しい形で伝わらなくては、先へは進めないのです。

そしてたとえ正しい形で伝わったとしても、そこからさらに、「この学生と一緒に働きたい」と思ってもらえなければ、内定まで到達することはできません。

つまり、面接している人間の心を動かすことが必要になってきます。

相手の心を動かすためには、その心を動かす起動力となる「何か」を相手に伝えなければ相手の心は動きませんよね。その「何か」とは、「感動」や「熱意」だと私は思っています。つまり学生は、相手の心を動かすための起動力となるものを、相手の心に届けなければいけないのです。

それは決して簡単なことではありませんが、それでも、ある一定のレベルまで企業研究と自己分析をしていけば、人の心を動かすことができる、と私の経験からも言うことができます。

私の教え子のひとりに、「朝はパン以外ダメ」と言ってゼミ合宿でひんしゅくを買った学生がいました。彼は少しこだわりの強いタイプで、そのこだわりの強さが企業への入れ込みとなってしまい、面接がなかなか通らなかったようです。

しかし、面接を受け続けているうちに彼は、自分の強みは「妥協しないこと」だと気がつきました。すると、彼自身、自分を表現するのがラクになったようで、スムーズにコミュニケーションがとれるようになり、彼がこだわった業界から内定が出たのです。

「こだわり」は、時としてわがままや視野の狭さなどと受け取られてしまいますが、企業にうまくその根拠が伝えることができれば、それは人の心を動かす「情熱」となります。

自己分析も企業研究もエントリー・シートもすべて「伝える」ためのツールなのです。「ツール」である以上、うまく使ったもの勝ちです。いかにうまく「ツール」を使って相手に伝え、相手の心を動かすか？　そこに内定を得る鍵が隠れているのです。

その場しのぎや、「とりあえず」のものでは、相手には伝わりません。想像以上に「伝える」ことは難しいことなのです。

ちなみに、22年間パン食以外あり得なかった彼の朝食は、会社の寮で生活している今、ご飯へと変わったのだそうです。本人いわく、「当たり前です。自分の好き嫌いでは仕事は成り立ちませんから」ということでした。自信に満ち溢れた彼の表情はとても輝いていて、社会人になるってすごいことだと、思い知らされました。

就活のプロセス
1 自分作業

◎まず何よりも必要となってくる作業

58ページの表の通り、就活で企業に名乗りを上げるためには、まず「④企業説明会」に参加する、または「⑤エントリー・シートを提出する」（＝エントリーする）という作業があります。

「④企業説明会」に参加したら、簡単なエントリー・シートを書かされた、いきなり面接が始まったという話もありました。これは企業説明会に出席した時点ですでに、「エントリーした」と見なされていると言ってもさしつかえないでしょう。

そうなった場合にその企業について何も調べていなかったり、志望動機などを考えていないとその時点で次へ進めないのは言うまでもありません。

そのあとにどんどん始まっていく本格的な就活のためにも、絶対に必要となってくる作業がこの「自分作業」です。

ここでは「①自己分析」と「②業界&職種研究」、「③企業研究」をまとめて「自分作業」としていますが、それぞれ作業としては別のものです。

◎①自己分析

「①自己分析」は自分の内面を見つめる作業です。より内側に向かう作業と言ってもいいでしょう。そこで見つけた自分をふまえて、今度はどの業界や職種、企業が向いているか探していく、いわば外へ向かっていく作業が「②業界&職種研究」、「③企業研究」です。

自己分析とは、文字通り、自分を分析することです。自分はどんな人間なのか？　長所は？　欠点は？　そういったことを分析していくと、いろいろなことが見えてきます。

自己分析がしっかりできると、自分の進むべき方向と、業界や企業の方向性との共通点が見えてきて、「自分は○○な面があるから、そこを活かしてAという企業に入社したときに、△△なことができる」「自分は○○な面がある、そこを活かして××という仕事ができる」といった、志望動機や自己PRもはっきりしてきます。自己分析をここまで持ってくることができて初めて、充分な自己分析をしたと言えるでしょう。

これはとても時間がかかり、労力のいる作業です。この作業はこれまでの人生を振り返ることでもあります。

実体験数が少ないからでしょうか、自分がどんな人間なのか？　どう生きていくべきなのか？　といった根源的な問題とあまり深く向き合っていない学生が多いように感じます。自己分析は就活には欠かせない作業ですから、大学時代にこそ、こういった問題と向き合っておくといいと思います。

さらに自己分析には、一歩自分を引いて客観的に見る作業も必要です。少々悩んだくらいでは、簡単に分析は終わらないものと理解してください。

そんなときこそ、親のアドバイスが必要になるときです。

一緒に小学生時代くらいから、子どもの過去を振り返ってみてもいいでしょう。

「行事の終わりに、誰もやらなかったゴミ拾いをひとりでもくもくとやった」「6年間コツコツと習い事を続けた」「おじいちゃんが入院中に毎日、絵手紙を書いて持って行った」などなど、何でもいいのです。生まれたときからそばにいた人間だからこそ、見続けてきた子どもの姿を、親のあなたの視点で伝えてあげてください。

きっと本人が覚えていないエピソードもたくさんあるはずです。そういったエピソードを通して再度、「自分とはどういう人間なのか？」ということを考えさせてあげてください。野球少年だったある学生は、青空の下の自分が一番輝いていると気づき、公務員をすすめる両親とじっくり話し合い、造園業に就職しました。このケースでは、最初は「安定した公務員志望」だった両親も、就活の自己分析を親子で取り組み、子どもの人生を振り返ってみた結果、わが子は机に向かうタイプではないと理解したのです。

子どものよさを一番知っているのは、親であるあなた自身です。それを忘れないでほしいと思います。

また、こういった作業をしておくと、その後就活が進んで、エントリー・シートが通らない、面接で落ち続ける、といったつらい状態に陥ったときにも、ここに戻ってくれば、「自分は大丈夫、また頑張ろう」ときっと思えるはずです。

◎自己分析で見えてくる「事実・感情・未来」

私が学生によく言っている、志望動機の書き方に「事実・感情・未来」というものがあります。これはたとえば、会社の志望動機の欄に「事実・感情・未来」の要素を入れ込むというものです。

ここで言う「事実・感情・未来」は以下を指します。

・**事実……私が○○な人間という事実、私には□□な面があるという事実（そしてそれが志望している会社と一致していることが大事）**

・**感情……なぜそう思うのかという感情の理由やエピソード（感情を交えて）など**

・**未来……だから私がその会社で働きたいという未来**

このように、事実・感情・未来を交えて志望動機を書くと説得力が出て、採用する企業の担当者を納得させることもできるというわけです。

小島's VOICE!

親自身も「事実・感情・未来」に基づいて、これから先10年を考えてみてください。自分の思わぬ価値観に気づくことがあります。

◎②業界＆職種研究

世の中に会社は400万社以上あります。その中から、どの会社を選ぶか？　これはとても悩ましい問題です。そのためにまず、自分が行きたい、興味がある職種や業界を知っておく必要があります。またエントリー・シートを書くにしても、面接を受けるにしても、その会社が属している業界や職種について知っておくことは大事なことです。

それはまずネットで調べたり、「○○業界を知る！」「経理という仕事」といったような業界や職種ごとの事情を解説した書籍を読んでみるのもいいでしょう。

特に「業界地図」（各社から刊行）は親も一読をおすすめします。自分の就活時や数年前とでは、それぞれ業界ごとに規模や形態がどんどん変わってきています。その昔から今への変化を子どもに伝えることは、本人の業界理解を深めたり、受ける会社がなくなったときの会社探しなどに役立ちます。

また、子どもが興味のある業界や職種で働いている人に話を聞いてみるのも、非常に効果的です。現場で実際に働いている人の話はリアリティがあるとともに、子どもにとっても刺激になるはずです。興味のある業界で働いている人に話を聞く場合は、できれば同じ業界でも、異なった企業の人に複数人、話を聞くと比較ができていいものです。

たとえば同じ業界のA社とB社の人にそれぞれ話を聞いたとします。A社の人がB社のことを何と言うでしょうか？　またはその逆は？　女子学生ならば、女性の活躍状況などについても聞いてみるといいでしょう。

同じ業界でも企業によって、雰囲気や女性の働きやすさなどは大きく違ってきます。それは同じ業界の企業でも、企業によって成り立ちや歴史、社風が違うからです。

業界研究でも職種研究でも、その学生が興味のあるところで働いている社会人にはどんどん会いに行きましょう。該当する人探しは、「⑪OB訪問」という形で子どもの持つネットワーク（大学の就職課などでOBを紹介してもらう、サークルの先輩をあたるなど）から探してきてもいいですが、これにはどうしても限界があります。

だとしたら、親であるあなたが持つネットワークから探してきたっていいのです。学生時代の友人、子どもの友人の親たち（いわゆるママ友、パパ友）、会社のネットワークなどなど、できる限りのあらゆるネットワークを使って、該当する業界や職種の人を探してみましょう。

◎希望の業界も職種も見つけられない場合

「この業界に進みたい」「この職種の仕事につきたい」と、子どもの大体の希望がわかっている場合には、業界や職種研究といった作業はスムーズに進みますが、そうでない場合には、まず自分が何をしたいのか？　からスタートしなくてはなりません。

そこでしてほしいのは、「何をしたいのか？」を考え方をちょっと変えてみることです。「何をしたいのか？」を考えるのではなく、「何を知っているのか？　何を知らないのか？」を、まずは考えさせてみてください。

この方法は、就活を始めてはみたけれど、なかなかエントリー・シートが通らない、すべて落ちてしまって受ける会社がなくなってしまったときにも有効です。

本人の興味やできることを洗い出してみてください。そこから逆に子どもの知らない、手をつけていない業界や職種に目を向けるよう言ってみましょう。思い込みでこの業界がいい、この職種がいい、と考えてはいないでしょうか？

また、子どもの価値観には親の価値観が大きく影響していることも多いものです。子どももと一緒に親のあなたも、子どもの受ける業界や職種を狭めてはいませんか？　「うちの子は内向的だから営業に向いてない」などと決めつけてはいないでしょうか？「営業」とひと口に言っても、個人を相手にする営業もあれば法人営業もあるし、営業の仕方にも商品を提案する営業やソリューション営業、コンサルティング的な営業と、いろいろな形があります。別に内向的だから営業に向いていないと一概には言えないのです。

会社というのは、個人の潜在的な能力を見出し、引き出すところでもあります。ましてや子どもはまだ大学生。これから社会に出てどう成長していくかは未知数なのです。企業の人事のすごさのひとつは、親にもわからない学生の能力を引き出すことにあります。意外な人が意外な部署で能力を発揮することがあるものです。

また、どうしても職種にこだわるなら、今度は業界にこだわらないことです。まずは知らないことを探り、掘り起こすことをサポートしてあげてください。

小島's VOICE!

親自身の知っている企業、興味のある業界、これから10年間必要になる産業をリストアップしてみてください。想像以上に出てこなくて苦労したのではないでしょうか？子どもと同じ苦労を共有すると、希望の業界や職種を見つけたときの喜びは倍増です。

◎③企業研究

業界が大体絞れたら、今度は「③企業研究」が必要です。「②業界&職種研究」でなんとなく見えてきた自分の方向性を、さらに企業に落とし込んでいきます。

同じ業界の会社でも、会社ごとに個性があります。よく企業同士を比較してみましょう。

具体的には、会社案内を取り寄せたり、ホームページで会社をチェックしてみるといいでしょう。

ここで注意したいのは、企業のイメージや見栄えのいいパンフレットなどに惑わされてはいけない、ということです。もっとその企業の持つ本質を見極めるようにしてください。

会社には外に見せている「いい顔＝見せている事実」と「裏の顔＝見せていない事実」があります。私たちが普段目にしているのは、会社の「いい顔」です。ぜひその裏の「見せていない顔」までしっかり調べるようにしましょう。それは、ホームページやパンフレットといった上っ面だけを眺めていても見えてこないものです。

「裏の顔」を知るためには、その企業の人から話を聞く、歴史や数字を調べるといった丹念な作業が必要になります。誰もが知らないような歴史のエピソード、財務状況から見えてくる会社の情報、そしてその調べたことがらを、エントリー・シートに書くときや面接で語るときには、できるだけ自分のことに近づけて書いたり話したりしましょう。

細かく調べてわかった会社事実に〝自分〟をからめた話はその学生だけのものとなり、強い武器となります。そうやって自分の手を動かし、足でかせいだ情報は、相手にとっても「よく調べてきている」「うちの会社を本気で受けているな」といった形で伝わり、それが相手の心を動かすことにもつながることでしょう。


また、企業は人間が運営している以上、「生き物」であると私は考えています。生き物ですから、寿命があります。その企業の寿命があとどれぐらいなのか？　その将来性を見極めることも大事です。

このことは日本企業だと思って入社したのに、合併や吸収などで外資企業になったり、会社自体の在り方も変わっていくということも意味しています。

◎人気企業ランキングにだまされるな！

毎年、就活情報会社などが男女別、文系理系別などに学生の人気企業ランキングを発表します。そしてそこには、誰もが知っている大企業、有名企業がずらりと並んでいます。

しかも世間的にいわゆる〝イメージ〟のいい会社ばかりです。そのイメージは、ＣＭや広告、ＰＲなどに莫大なお金をかけて作られたものです。その大衆に向けられた印象だけで、企業を評価しないでください。

たしかに人間の心理として、誰もが知っている企業に内定をもらうのはうれしいことかもしれません。「娘が●●に内定が出た」「うちの息子は○○で働いている」と、その●●や○○に誰もが知っているようなイメージのいい企業が入っていれば、親としては、鼻が高いし、気持ちがいいでしょう。しかし残念ながら、それは単なる親の見栄になってしまいます。ここには落とし穴があるのです。

ここで一番大事なことは、あなたのお子さんがいかに自分で納得のできる企業を見つけ、そこで生き生きと働くことができるか？　なのです。いくら有名だったりイメージがよくても、必ずしもその企業が、わが子にとって働きやすい会社とは限らない、ということです。

就活のスタート時は、まだ学生も「②業界研究＆職種研究」、「③企業研究」が進んでおらず、どうしても、その時点で知っている企業（それは大抵昔から知っていたとか、ＣＭをよくやっているとか、自分の好きなことに関係しているとか、そういった理由で知っている企業です）に目がいきがちです。しかし、そうやって目にする企業は、日本にある企業の中でもごく一部だということを、まずは認識してください。

◎ＢｔｏＣとＢｔｏＢ

人気企業ランキングにあがってくるのは、どれもＢｔｏＣ（＝Business to Customer、個人消費者を顧客に持つ）の企業ばかりで、ＢｔｏＢ（＝Business to Business、企業を顧客に持つ）の企業はまずあがってきません。

日本には約４００万社以上の企業があり、海外を視野に入れればその数は星の数ほどあります。その中で、単にイメージのいい、耳触りのいい、たった数十の企業に惑されないでほしいのです。たとえ人気企業でなくても、有名企業でなくても、子どもに合った、子どもの能力を十分発揮できる企業はきっとあるはずです。

日本にある企業のほとんどは中小企業です。そうした企業が何を売ってもうけているのか？　社会との連携はどうなっているのか？　どういう人的資源を持っているか？　をよく調べてみてください。

新卒で入社するなら、私はある程度のチーム的組織編成ができる人数以上の規模の企業が望ましいと思います。なぜなら、ある程度、会社がいくつかの部署に分かれているほうが、社内での異動が可能だからです。仕事や人間関係につまずいてしまっても、社内での異動によって、また違うチャンスやチャレンジができるのです。

もちろん、少人数でも、優れた特許技術を持っていたり、先端の技術を開発していたりする企業で、自分の力を発揮したいということもあります。企業の大きさにとらわれないということは大切ですが、企業の組織編成には気をつけてみてください。

少人数の企業が新卒で学生を募集している場合、なぜその会社が新卒が欲しいのかもよく知っておく必要があります。たとえば、大学で学んだ特許の知識が必要だったり、マーケティングの知識が欲しかったり、何か理由があることも多いものです。

手当たり次第に受けるのではなく、企業ひとつひとつを研究して、子どもと一緒にぴったり合った企業を見つけるようにしましょう。

小島's VOICE!

今や誰もが知っているユニクロやニトリも、この20年間で、地方の小さなお店から世界の企業へと成長しました。その成功の秘密を親なりの視点で考えて調べてみて、子どもと話し合ってみるのもいいでしょう。企業の見方が変わってくると思います。

就活のプロセス

2 内定までの企業とのやりとり

◎④企業説明会と⑤エントリー・シートの提出

企業が就活を行なう際に、学生に名乗りを上げさせる方法（＝エントリー）には、大きく分けて2つあります。

そのひとつが「④企業説明会」です。そしてもうひとつが「⑤エントリー・シートの提出」です。

◎企業説明会でエントリー・シートを提出させることも

「④企業説明会」は、その企業が自分たちの会社の大きな会議室や大きな会場を借りて行なうこともあれば、いくつかの企業が集まって合同企業説明会という形で行なわれることもあります。さらに、この企業説明会で学生にエントリーさせることもあれば、本当にただの「説明会」であることもあります。

そして、この企業説明会に参加するためにも、インターネットでの予約や電話予約が必要になってきます。

企業説明会では、会社の業務内容について映像を見たり、各部署の担当者が話をしてくれたり、人事や若い社員が話をしてくれたりします。

また、企業説明会がエントリーもかねている場合には、そのままエントリー・シートをその場で書かせたり（あとで提出させる場合も）、簡単な面接を行なったりすることがあります。

一体、子どもの行きたい企業が行なっている企業説明会は、どのタイプの企業説明会なのか？　それは事前のリサーチでわかってくると思います。参加したらいきなりその場で記入してエントリー・シートを提出させられたため、準備を何もしていなかった！　ということのないように、しっかり準備はしておきたいものです。

また、去年まではただの企業説明会だったのに、今年からはいきなり説明会でエントリー・シートの提出になったという落とし穴も、たまにあるので注意が必要です。

◎エントリー・シートを提出する

企業説明会のあとでエントリー・シートを提出する場合は、その企業が用意したエントリー・シートか、通常の履歴書を期間までに提出します。企業側が用意するエントリー・シートは、その企業のホームページからダウンロードできるようになっていたり、企業説明会（この場合はただの「説明会」）で配られた資料の中に入っていたりします。

エントリー・シートでエントリーをする際に一番重要なのは、まずは締切を守ること。どんなにいい内容のエントリー・シートでも、提出期限を過ぎていた場合には読んでもらえません。内容は、その企業に向けて練りに練ったものを書き込みます。これにはものすごい時間がかかります。

企業によっては、説明会でエントリー・シートを提出させて、そのまま面接をする、というところもあります。

満足のいくエントリー・シートを作成するためには、これまで説明した「①自己分析」や「②業界&職種研究」、「③企業研究」がしっかりとできていないと書くことができません。

◎エントリー・シート作成のコツ

就活で重要なのが、このエントリー・シートの作成です。このエントリー・シートを見て、採用者に「この学生に会ってみたい」と思ってもらえなければその先はありません。「この学生に会ってみたい」と思わせるためには、どんなエントリー・シートを書けばいいのでしょうか？　それは、エントリー・シートで相手の心を動かすということです。

そのためにはいくつかのポイントがありますが、1つ目は、まず、「読み手がいることを忘れない」内容にすること。独りよがりのエントリー・シートでは読んでいるほうも飽き飽きしてしまいます。

また、自分とその企業との「共通性」や「接点」をなるべく具体的に書くこともポイントです。

小島's VOICE!

エントリー・シートはスペースに限りがありますから、要点をひとつに絞ること。短文にまとめる力も必要です。

◎「人事マジック」に注意しよう

学生はともすると、企業説明会に参加したときに説明してくれた人事の人が、「情熱的だったから」「感じがよかったから」といっただけの理由で、「絶対あの会社から内定をもらいたい！」と熱くなってしまいがちです。

こういった学生ならではの行動傾向を私は「人事マジック」と呼んでいますが、企業側もその辺は心得ていると、親であるあなたも理解してください。

どの企業でも、学生が大好きで、そして自分の会社に誇りを持っている人が人事として活躍しています。

人事にいるような人がその企業のすべての人ではないのは、社会人経験のある大人なら誰でもわかるはずですが、そこは社会に出たことのない学生。どうしても、目先の印象だけで企業を選んでしまいがちなのです。

そういうときも、「その人事の人だけではなくて、その企業全体を見てみなさい」「少し冷静に客観的にその企業を判断しなさい」、といったアドバイスをしてあげましょう。

2つ目には「もっと知りたい」「話を聞きたい」と思わせる要素を随所に散りばめるこ

と。学生時代に取り組んだことが「サークル活動」ならそのすべてについて延々と書いてしまっても仕方ありません。「続きは会って聞きたい」と思わせるような書き方をすることです。

もちろん文章は簡潔に、文字は丁寧に書くこと、さらに記入漏れがないことなども重要です。

◎⑥筆記試験対策

筆記試験についてはとにかく、事前に対策を練っておくしかありません。試験をするということは、その試験内容が、企業にとって何かしら必要なものだということです。つまり裏を返せば、試験でずば抜けていい成績をとれば、それはそれで面接に呼んでもらえる可能性が俄然、高くなるということなのです。

どうしても面接に自信が持てないというのであれば、試験対策をして「これだけは負けない」という自信を持っておくのもひとつの手です。

筆記試験は、一般常識、適性検査、性格検査、小論文など、企業によって内容がさまざまでです。一般常識的な内容に加えて英語が含まれている場合もあります。これも、企業研究をしていく中で、その企業がどんな採用試験を行なうかがわかってきます。行きたい企業がどんな筆記試験を行なっているかによって対策を立てるといいでしょう。

一般常識の対策としては、新聞を読む習慣をつける、問題集を解くといった対策が必要になってきます。

英語も、その企業にとって必要ならとにかくやるしかありません。語学を身につける方法にはいろいろありますが、苦手な人はCNNで自分が興味のある分野の番組を見るとか、好きな映画のセリフを覚えるところから始めるとか、その子がとっつきやすい方法から始めるといいでしょう。

また、大学には留学生がたくさんいます。大学が主催する国際交流センターに顔を出してみるなど、大学のリソースを利用しない手はありません。

SPIとはマーク式の適正検査で、主に性格を見るパートと、言語能力や非言語能力を見るパートに分かれます。ひとつひとつの問題はさほど難しくありませんが、所要時間が短いので、あらかじめ対策をしておかないと、時間内に終えることができません。

書店では、SPI対策用の問題集がたくさん販売されています。時間配分の勘をつかむためにも、繰り返し解いておくことが大切です。

しかし実際には、1、2冊を購入してやってみるだけという場合が多々あります。

私の見てきた学生の中にも、SPIをおろそかにしたために、就職浪人をした学生がいます。割と偏差値の高い大学の学生だったので「SPIなんて」という自負があったようです。しかし、（偏差値がどれほどの価値があるかはここでは置いておいて）同じ偏差値の学生だったら、対策をした人間のほうが勝ちなのです。

◎SPIの数字はきちんととりにいく

SPI対策には秘策があります。それは、難しい問題集から取り組むことです。たとえば英語も、レベルの高いリスニングテープで学習してから、簡単なものを聞いたほうが単語を拾いやすくなります。それと同じで、自分の基礎学力のレベルよりも難易度の高い本を1冊購入してみるのです。

解いてみると、たしかに難しくて苦戦すると思いますが、すべてを理解しなくてもいいので、とにかく1冊やりきってください。それから、簡単な問題集を購入します。すると、自分に「できる問題」と「できない問題」がはっきりとわかってくるはずです。

そこで、「できる問題」を集中して攻略していくと、解き方のコツが見えてきて、効率よく解き進むようになります。ＳＰＩは時間との勝負ですから、自分ができる問題からどんどん処理する必要があるのです。

自分の得意と苦手を理解して、得意分野は難易度の高い問題から簡単な問題までをまんべんなく毎日解いていきましょう。苦手な問題に時間を割いてしまうと精神的にもきつくなりますので、まずは得意分野の高得点化ができてから、苦手分野を克服していくようにします。

面接やエントリー・シートなど、実際にどこを評価されているのか、何が基準なのかわかりづらいのが就活です。しかし、その中ではっきりと数字が出るのが、このＳＰＩです。ＳＰＩでダントツの高得点であれば、人事の目を引くのは間違いありません。

小島's VOICE!

正解のない就活の中で、数字の問題を適当にやることは一番もったいないこと。「数字は必死にとりにいく」ことが、頭がひとつ抜き出るチャンスなのです。

◎⑦〜⑨面接

常々あちこちで私が言っていることですが、就活では面接までこぎつけることができるか否か、ここが大きな分かれ道になります。

いつもエントリー・シートで落とされてしまう、いつまでたっても面接に呼ばれない、という人はエントリー・シートに根本的な何かが欠けていると思っていいでしょう。あるいはもともと、その企業・業界が自分と合ってない可能性もあります。

エントリー・シートでは「落ちた理由」が見えにくいのですが、面接では割とそれがわかりやすいということがあります。たとえば、面接が全然盛り上がらなかった（もちろん盛り上がればいいというわけではありませんが）、面接官の質問に、相手を納得させるだけの答えを用意できなかった、など。面接で落ちた場合には「もしかしてあれが原因かな」ということが必ずあると思ってください。

面接は、企業にもよりますが、通常は3回程度行なわれます。そのたびに学生の数は絞られていきます。面接官の年齢や役職も次第に上がっていき、最終的には役員や社長面接で終了というのが通常です。最初は学生3人に対して先方も3人だったのが、最終的には学生1人に対し、社長以下役員10人程度での面接ということも珍しいことではありません。

自分以外の学生の数が何人であろうと、面接官の相手が何人であろうと、「平常心」で、ありのままの自分を出すことが必要です。

◎面接官はどこを見ているのか？

それ以外の面接の方法としては、3～5人程度の学生を一度に集めて、グループ内でディスカッションさせるというのもあります。面接官はそれを見守るだけです。この場合、仕切る学生、何もしない学生など、学生のとる態度はさまざまですが、別に無理して仕切る必要はありません。なぜなら実際に社会に出て、会議をした場合に仕切る人間だけが必要なわけではないからです。

もちろん仕切る人も必要ですが、必要なところで必要なことをいう人も必要です。グループディスカッションでは無理して目立とうとしないで、普段の自分の考えを、自分の言葉で言えるように心がけることが必要です。

また面接官は、質問の内容よりも、質問に対しての切り返し方を見ている場合もあります。答えられないような難しい質問に対して、それに真面目に答えようとするよりも、「ちょっと今すぐには答えられないので、次回の面接までにしっかり考えてきます」などと答えたほうが誠実であると言えるでしょう。

社会に出たら判断に困るような場面は多々あります。そこをどう切り返していけるか？　そういった能力を見ていることもあるのです。

ですから、面接官が投げかけてくる質問の意図は何なのか？　質問の答えを求めているのか？　それとも答え方を見ているのか？　さまざまなことを瞬時に見極めて答えることが大事になってきます。

親が面接官となって、模擬面接をしてみるのもいいでしょう。具体的なやり方については、4章161～166ページを確認してみてください。

緊張してしまうと敬語がおかしくなったりします。いつでも正しい日本語で話せるようにしておくことも重要です。また面接にでかける際には、スーツ姿がきちんとしているか、汚れやほつれなどがないか、学生らしくない髪型や化粧などをしていないかも、親がチェックしてあげましょう。

「偏差値の高い大学の学生は優秀」という幻想

◎気おくれしない心がまえを持とう

先の「人気企業ランキングに惑わされない」と同様の傾向として、学生も企業も、偏差値の高い大学に在籍している学生は優秀、と見なしてしまう傾向があります。

たしかに偏差値の高い大学の学生は、それまで勉強ができたかもしれません。が、受験勉強でいい点数をとれることと、社会できちんと働ける能力は、重なる部分はあるにしても、すべて一致するものではありません。

むしろこの就活では、一度出身大学を取っ払って、学生同士、生身での勝負というところも多々あります。重要なのは偏差値が高いか低いかではなくて、その企業にとって、その学生が、「一緒に働きたい」と思わせるかなのです。

その結果、いわゆる偏差値の低い大学出身の学生が採用されて、偏差値の高い大学の学生が不採用になることも当然のようにあることですし、企業も偏差値の高い大学の学生だけに内定を出すわけではありません。入社してしまえば、偏差値のさまざまな大学の学生に内定が出ていることに気がつくはずですが、どうしても、最初は、学生は自分の大学の偏差値を気にしてしまいがちです。

たとえば、グループディスカッションなどで、自分より偏差値の高い大学の学生がいると、それだけで気おくれしてしまったという話をよく耳にします。その大学が、自分が入試のときに不合格だった大学だったとしたら、なおさらそう感じてしまうようです。

でも、そんなことで一喜一憂するのは、とてももったいないことです。たしかに、受験では学力が足りなくて落ちてしまったのかもしれません。

しかし、就活は、学力が高いか高くないかではなくて、その学生がその企業に合っているか合っていないか、相手の企業側が自分を必要としてくれるか、自分と一緒に働きたいと思ってくれるのか？　です。「相対評価」の中での評価ではなくて、企業とあなたとの間での「絶対評価」なのです。

大学に入学するための偏差値と、就活での能力はまた別なものという意識を持つようにしていきましょう。

就活のプロセス
③その他の要素

◎⑪OB訪問

「大学が同じなだけ」という理由で知らない社会人に会う、と考えただけで、気おくれしてしまう学生もいるかもしれません。

でもこういうときに会ってくれる社会人とは、そんなに気おくれするような相手ではないことは、社会人である親のあなたならおわかりいただけるかと思います。

社会人は学生に頼られると意外とうれしいもの。気の利いた人なら（もちろん学生の態度にもよりますが）、社内の同僚を紹介してくれたり、同じ業界の友人を紹介してくれたりすることもあります。ただ、そういった人脈を利用しようという意図があって会いに行くのは、相手にもその下心が伝わってしまうのでおすすめできません。が、少しくらい図々しいかな？　と思うぐらいでもいいですから、どんどん社会人に会いに行くべきでしょう。

実際に就活が始まる前に、たくさんの社会人に会っておくことは、それぞれの人が勤めている企業や業界、職種のことを深く知ることができるのはもちろんですが、社会人と話す練習にもなります。それまで学生は、オフィシャルな形で社会人と接した経験は、バイトの面接ぐらいで、ほとんど経験がないはずです。

スーツなどきちんとした格好をして、企業の受付まで行ってその人を呼んでもらう、会ったら名刺をもらう、そしてきちんと敬語を使って話すなど、こういった一連の行動は、就活における面接の予行練習としても、とても効果的です。

最初はOB訪問に行くだけでも緊張するかもしれませんが、実際の面接までに、たくさんの社会人と会って話をしておくと、本番での緊張が軽減することでしょう。

また、話を聞きに行く際には、聞き取りのためのペンとノートを持って行く、会ってもらった後にはきちんとお礼状（メールでもいいですが、手紙のほうが気持ちが伝わります）を書く、といったことも徹底させましょう。

就活といっても、結局は人と人との縁みたいなもの。どこにどんなきっかけが転がっているかわからないのです。小さな縁を大きな結果に結びつけるためにも、積極的に人と会うことが重要です。

◎⑫リクルーター制度

41ページでも述べましたが、最近復活の兆しを見せているのがこの「リクルーター制度」です。入社数年目の若い社員が自分の出身大学やサークルの学生と会って、「これは」という学生を人事に紹介したりします。

紹介する場合だけのときもあれば、エントリー・シートでの選考や一次面接をパスさせる場合もあります。またリクルーターが会う学生は、必ずしも同じ大学とは限らない場合もあります。

最近この制度が再び注目を浴びているのは、人事ではなく、学生と年齢が近い企業側の人間が会うことで、多角的な視点から学生を評価しようという企業側の姿勢の表れです。

◎⑬インターンシップ

インターンシップもここ10年くらいで普及した制度です。これは企業の中で、学生がある一定期間、就業体験をするというもので、もともとは欧米で学校を卒業した学生たちが自分の就職先を決めるために行なっていたシステムです。

日本でのこの制度は、大抵は大学3年生を対象に、3年生の後半に企業が希望者を募り主催することが多いです。この制度が就活での内定に結びつくかというと、それは企業によって全く違います。インターンシップを行なう部署と採用を行なう部署が違う場合もありますし、同じ部署で行なっている場合もあります。

また、就業すると言っても、その期間もさまざまです。1日だけのところもあれば、2週間、1カ月と実際にその企業の社員について、一緒に営業先を回ったり、企画を考えたりする場合もあります。1日だけのところなどは、実際に働いている社員との接点はほとんどなく、集まってきた学生に企画やその企業の解決すべき課題を考えさせて終わり、というところもあるようです。この辺も、前年に就活をした先輩などがいたら、話を聞いておいたりすると、有益な情報が得られていいでしょう。

気になる企業がインターン制度を行なっているのであれば、その企業が実施するインターンは受けておいたほうがいいと言えます。企業の雰囲気がわかるし、インターンを実施する社員の人と仲良くなっておくと、その後の就職試験に関して何かヒントになるような情報をもらえるかもしれません。

インターン制度に対する対応は企業によって実にさまざまですが、たとえばインターンシップ時に「これは」と思われた学生は、そのまま目をかけてもらい、実際の就活でも、エントリー・シートでの選考を通過させてもらったり、面接を1回通過させてもらったり、ということもあるようです。

とはいえ、あまり就活ではインターンシップにウエイトをかけすぎないほうがいいでしょう。就活に有利なところもあれば、企業によってはインターンシップに来た学生をそのままバイト感覚で使うところもあるようです。それで内定が確約されているのかというと、そういうわけでもなかったりするので注意が必要です。

宙ぶらりんな状態で体よく企業に使われている時間があったら、自己分析や、業界研究といった、本当に自分にあった企業を探すための時間にあてたほうがいいでしょう。

またインターンシップに応募する際に、簡単な志望動機や自己PRを書く書類を提出させるところもありますから、やはり「①自己分析」や「②業界&職種研究」は早めにやっておくに越したことはありません。

一緒にブラッシュアップをしていこう

◎親がアドバイスできること

就活とひと口に言っても、さまざまなプロセスがあり、昔とはやらねばならない作業も格段に増えたことが、おわかりいただけたかと思います。

特に親が就活でサポートできることは、全体的なメンタル面を支えることももちろんですが、具体的な作業として手伝うことができるのは「①自己分析」と「③企業研究」の部分だと思います。

特に自己分析は、親が助けられることは多いでしょう。なぜなら、それは親が子どもである学生を小さい頃から見てきたからです。「あなたはこんな子どもだった」「こんな面がある」など、本人が自己分析をするときに、客観的な見え方を伝えることで、大いにサポートをしてあげてください。

また、「③企業研究」の場合には、親にもわからないことがたくさん出てくることでしょう。その場合には一緒に調べてみればいいのです。

たとえばあなた自身が新聞を読んでいて「あれ？」と思うこともあるはずです。そんな話をきっかけに、子どもの興味のある業界へと話を広げていってもいいのです。そういった日常のちょっとした疑問や話題が就活の企業研究にも役立ってくるのです。

このように就活における親の役目としては、一緒に「わからない」を解決していく姿勢も大事だと言えます。

3章

親子の価値観とコミュニケーション

――「親心」が子どもの就職を邪魔している？

就活が実際に始まると、時に、それまで明らかではなかった、子どもの価値観と親の価値観がぶつかります。

そこで、この章では、親の価値観が、子どもの就活に落とす影響について考えてみます。

子どもの価値観と親の価値観が一致していれば、双方にとって幸せな就活ができることでしょう。

が、最終的に優先すべきは子どもの選択だということも忘れないでください。

ただ、凝り固まった価値観や選択で不幸な結果にならないように導いてあげるのも親の役割です。

この章では、まず親であるあなた自身の価値観を洗い出してみることから始めます。

そして、できるだけ双方が満足できる就活の結果をめざしましょう。

親の価値観が子どもの就活を左右する？

◎自分の子どもを客観的に見つめよう

1章でも少し触れましたが、自分の子どもがはたして内定をもらえる学生なのか？　企業の人にはどう映るのか？　まずはそこから考えてみましょう。

たとえば、あなたがどこかの企業の人事部の人間だとして、どんな学生が欲しいと思いますか？　明るい学生？　真面目な学生？　ＩＴが得意な学生？　いろいろな条件がありますよね。

では今度は、自分の子どもが企業の人事に面接されるとして、どんな学生に映ると思いますか？　身内を客観的に見ることはとても難しいことですが、まずは自分の子どもを他人（人事）の視点から見てみてください。

また、就活中の子どもはどんな業界や職種に興味がありますか？　どんな企業を受けたいと言ったら、あなたは満足し、または逆に反対するでしょうか？

あなたのお子さんを含め学生というものは、まだまだ狭い世界に生きています。自分のこれまで育った世界と、学生時代に経験した世界（バイトやサークル、旅行先など）がすべてと言っても過言ではありません。

そういった体験の中から選んでくる企業は、おそらく、世の中によく知られている企業、誰もが名前を知っている企業ばかりなのではないでしょうか？

それに対してあなたはどんな反応をするでしょうか。そこには、あなたの価値観が反映されていると気づきましたか？

まずは親であるあなた自身の価値観を知ってみてください。それを知ったうえでサポートするのとしないのとでは、就活のスタートラインでもある「企業選び」に対するコメントからして変わってくるはずです。

まずは次のチェックリストに記入してみてください。

チェックリスト1 **あなたの考える「いい会社」とは?**

まずは、あなたの考える、「いい会社」の条件を10個挙げてみてください。
10個以上ある人は、もちろん追加で書き足しても構いません。

1
2
3
4
5
6
7
8
9
10

どうでしたか? どんな答えを書き入れましたか?

このチェックリストで挙げた項目から、あなたが企業や会社に求めているものが見えてくるはずです。

それは「安定」や「高収入」といった条件でしたか？ それとも「やりたいことを認めてくれる会社」「風通しのいい会社」といった社風に関するものでしたか？ それとも「転勤がない」「住宅補助が出る」といった具体的な就労条件的なものだったでしょうか？

ここで見えてくるあなたの考える「いい会社」が、あなたが会社を判断するときの基準になります。そして、意識していなくても、あなたはこの基準で、子どもが選んでくる会社に対しても判断をすることでしょう。

続いて、次にチェックしてほしい項目があります。

チェックリスト2 **あなたの知っている会社は？**

チェックリスト1に続いて、今度はあなたの知っている会社を20ほど挙げてみてください。もちろん思いつくままで結構です。

1

2

3
4
5
6
7
8
9
10
11
12
13
14
15
16
17
18
19
20

スラスラと挙げることができたでしょうか？　働いている人は、自分が勤めている会社や取引のある会社ならすぐ記入できることでしょう。しかし、それでは、偏った業界の会社ばかりになってしまっていませんか？

逆に働いていない人は、普段自分が接している商品を作っている会社、つまり日常生活に密着したメーカーの企業名ばかり挙がったのではないでしょうか？

このように大人でも、なかなか自分の生活と関係のない企業や会社名というのは挙げにくいものです。

それが学生ならなおさらです。そこを理解したうえで、子どもの企業選びも見ていかないと、なかなか広い分野から企業を拾ってくることはできません。

世の中にはたくさんの企業があります。それを肝に銘じておいてください。

このことは、たとえば子どもが就活中、エントリー・シートがなかなか通らない、面接で落とされ続ける、という状態で、もう受ける企業がなくなってしまった、というときに、新しい企業を探すのにも役立ってきます。

親も自己分析をしてみよう

◎自分の価値観を知る

続いて、ここではあなた自身の自分理解をしてほしいと思います。あなたの考える「いい会社」というのは、あなた自身、なんとなくわかったと思います。

ここでさらに考えてほしいのは、「働く」ということの根源的な意味です。

まずは、次ページの**チェックリスト3**について考えてみてください。紙に書き出してみてもいいでしょう。

どうでしたか？　自分の過去と久しぶりに向き合ったのではないでしょうか？

ご自身の就活や、働き始めたばかりのときの新鮮な気持ちを思い出してみてください。

チェックリスト3　キャリアの棚おろし

自分自身を振り返る作業として、あなたが最初に働き始めたときのことを思い出してみてください。

質問1　小さい頃になりたかった職業や仕事は?

質問2　最初に働き出した会社の名前は?

質問3　どうしてその会社を選んだのですか?

質問4　最初にした仕事は?

質問5　それは希望通りの会社や仕事でしたか?

質問6　その会社を辞めた場合、その理由は?

質問7　転職した場合は次の会社はどんな会社でしたか?

質問8　その会社に転職した理由は?

（転職をした人は転職回数だけ質問6～8を繰り返してください）

たとえば結婚などを機に仕事を辞めてしまった人は、そのときどんな気持ちだったでしょうか? また、転職をした人は、そのときの理由をよく考えてみてください。

さらに、一度仕事を辞めて再就職した人などは、再就職したときと新卒で就職をしたときと、自分の中で会社選びの条件が変わったことなども思い出してみてください。

次にチェックリスト4で、**チェックリスト3**で考えたご自身のキャリアとあわせて、「あなたにとって『働く』とは?」について、今一度考えてみましょう。

チェックリスト4　**あなたがこれまで働くことで得られたことは何か?**

それはお給料はもちろん、喜びだったり、社内での地位だったり、友人関係だったり信用だったりと、さまざまなものがあると思います。

これらの質問の答えが、あなたの現在の仕事に対する価値観を作っているのです。仕事は、さまざまなものをその人にもたらしてくれます。その中でも一番価値があると思えるものは何でしょうか？　そしてどうしてそう思うのか？　それについても掘り下げて考えてみてください。

たとえば、ステップアップではない転職経験がある人などは、つらい体験をしているはずです。しかし、だからこそ働くという意味について、深く考えたこともあるはずです。ぜひその想いをお子さんに話してみてください。子どもの就活は、親の考えを語るいい機会でもあるのです。

多くの学生や社会人の就業支援をしてきて思うのは、就業の状況が「下がった人は上がる」しかないのです。これは絶対です。就活も同じです。やり続けていれば、必ず内定が出るものなのです。ぜひそれを、あなた自身があなたの仕事観について語ることで、サポートしてあげてください。

◎親自身の今後を考えてみる

これまでの長いキャリアの中で、ご自身が仕事というものをどう捉え、どう考えて、働いてきたかが、これまでの作業で見えてきたかと思います。長いキャリアの中では、家族のためにあきらめたことや、会社の中で不本意なこともあったことと思います。

たとえば、ある父親のケースでは、転勤の打診があり、やってみたい仕事にチャレンジできるチャンスだと思ったものの、子供の進学を優先に考えて断りました。そのために昇進のチャンスを失ったと思い、精神的に厳しい時期を過ごしたということでした。ところが、少し時間が経って、部活動で活躍しているわが子の姿を見たときに、自分の選択は正しかったと心から思えたそうです。

人生は自分の思い通りにはいかない半面、予期せぬことですばらしい気づきが生まれてくるものではないでしょうか？　それは、これからの仕事にもいい影響を与えるはずです。

そして、あなたがどんな価値観を持って、今後どうやって働き続けていくか、それを子どもはずっと見ていくことでしょう。

学生たちを見ていて思うのは、親が生き生きと働いている学生のほうが、比較的しっかりとした仕事観を持っているということです。それは、一番身近な「親」が社会人のロールモデルだからです。

生きがいや夢を持ち続けて働いている社会人を親に持っていると、自分も「ああなりたい」、と思うのは自然なことなのではないでしょうか？

何度も言いますが、子どもの就活には、親の価値観や社会理解が大きく影響してくることを忘れないでください。

自分の価値観に気づこう

◎自分の「不安、不満、不信」から見えてくるもの

あなたの周囲にも、いつも不満ばかり言っている人っていますよね？　そういう人は、おそらく現在の不満が解消されても、さらに新しい不満を見つけて、いつも不満を言い続けることでしょう。

あなたの中にもそういった不満はありませんか？

ご自身が今抱いている、「不安、不満、不信」を一度洗い出してみてください。

仕事でも社会全般に対してでも、家庭でも子どもに対してでも何でもいいのです。そこから見えてくるあなたの価値観というものがあります。

チェックリスト5 あなたの不安、不満、不信

あなたが日頃抱いている不安、不満、不信を書き出してみてください（ジャンルは仕事、社会、家庭、近所付き合いでも何でも結構です）。

＊不安なこと

・
・
・

＊不満なこと

・
・
・

＊不信なこと

・

ここで挙げたのは、いわゆるあなたの不安要素です。ということは、ここがあなたのウィークポイントでもあるわけです。つまり、あなたの価値観が揺らぎやすい場所とも言えます。

前のブロックではあなた自身のキャリアを振り返り、あなたの価値観を確かめましたが、ここで再度考えてみてください。

あなたの中にこういった価値観の揺らぎやすい「不安・不満・不信」があると、それはわが子が就活で迷う場面が出てきたときに、あなたの弱さや揺らぎとなってます。

子どもが迷う前に、今ここであなたの不安要素について、あなた自身の中で整理をつけておくと、子どもの就活サポートもスムーズに進むことでしょう。

不安を安心に、不満を満足に、不信を信頼に変えるため、あなた自身の社会人経験や人生の中で、どんなことが役に立ち、どんなことをやってきましたか？　子どもと一緒に考えてもいいでしょう。親のリアルなエピソードを子どもに伝えてみてください。

子どもにも親の価値観を知ってもらおう

◎意外と知らないお互いのこと

20年以上一緒に暮らしていても、意外と子どもは親のことを知らないものですし、親も子どもの考えていることをよく知らないものです。

私の息子の就活時代は、息子が私の帰りを遅い時間まで待っていて、そこから自己分析やエントリーシートの書き方について話をする、ということがよくありました。本人の話を聞いているうちに、「へ～、そんなこと考えていたんだ」とか、「え？　そんなこと聞いてくる？」といった驚きがあったのを覚えています。

また、息子の考えの浅さや一般常識のなさに、親として自分が教えてこなかったことも見えてきてショックを受けたこともありましたが、「外で恥をかくのも成長。今、調べることも成長」と、息子には伝えました。

実は就活は、親子がじっくりコミュニケーションをとれる最後のいいチャンスなのかもしれません。

◎ダメなものはダメ

また、人間には「生理的に受けつけない」というものがあります。ここに関しては、親は「ダメなものはダメ」を主張してもいいと思います。

特に就活中に親が言ってあげたいのは、服装やマナーのこと。本人はいいと思っていても、社会人として先輩である親から見て「それはちょっと」ということはどんどん指摘してあげるといいでしょう。

また、礼儀についても同様です。たとえば、OB訪問でOBにお茶代を出してもらったとき、学生がおごってもらって当たり前という態度をしていてはどうでしょうか？　中には学生にお金を出させるなんて心外だというOBもいますが、あなたなら子どもにどのような対応をすすめますか？　面識がなくても、同じ出身大学ということでOB訪問を受け入れ、時間をとって話をしてくれた人へのあいさつの仕方や返礼の仕方、見送り方などは、親が「しつけ」として教えておきたいところです。

親子で価値観が違ったとき

◎自分の価値観を見直すチャンス

ここでは、親子で価値観が違ったときにどうしたらいいかを考えてみます。

思春期手前くらいまでは、子どもは親の価値観の世界の中で生きています。が、体や心が思春期を迎え、親や世の中に矛盾を感じたり、学校やクラブ活動、塾、テレビ、インターネット、バイトなどさまざまな世界からどんどん情報が入ってくることで、本人だけの世界が形成されていきます。高校、大学と、さらにどんどん外の世界からの情報が入ってくることで、ますます本人だけの価値感ができあがっていきます。

親はまず、いつまでも子どもが自分と同じ価値観だと思っていることが違うのだ、という認識をしましょう。

◎価値観がぶつかるとき

たとえば、子どもが自分の全然知らない業界、たとえばＩＴ関係の新しい会社に行きたいと言ってきたとき、親はどう対応すべきでしょうか？　往々にして、人間は知らないものに対してはマイナスの気持ちが働くものです。

また、面接が同じ日に重なってしまったとき（同じ業界の会社同士では時どきあることです）、内定を複数もらったとき、どういう選択をすればいいでしょうか？

そんなときにこそ、その親の価値観が問われるのです。

時代は刻々と変化しています。きっとわが子は、あなたが聞いたことも見たことのないような企業や業界の情報を持ってくることでしょう。

しかし、そこで頭ごなしに「こんな新しい業界なんて大丈夫なの？」「私が知らない会社だから怪しい」と決めつけないことです。これが、今の時代の会社や業界の事実なんだ、とまず腹をくくりましょう。

心の壁が厚いと新しいものは受け入れられません。間口は広く、とりあえず受け止めることです。

そして社会人の先輩として、冷静かつ客観的な目でその企業や会社を見てください。子どもは「目新しさ」「イメージのよさ」だけで、選んでいる可能性はないでしょうか？　また、単に説明会などに行ったときに、そこにいた人事の人が魅力的だったからという理由で、その会社に行きたいと言ってないでしょうか？　前章でも述べたように、「人事マジック」にかかってしまう例は意外と多いのです。

たしかにその人事担当者が魅力的な人間だったとしても、その会社の全員がそういう人間なわけでは決してありません。企業もその辺は心得ていて、人事には学生から見て魅力的に映る人間を配置していたりするものです。

親はそういった目先の魅力だけに惑わされず、その会社の事業内容はもちろん、規模や安定性など、いろいろな角度から考察してみましょう。わからないことがあったら、子どもと2人で調べてみてもいいでしょう。

以前カウンセリングをした中で、こんな母娘がいました。

母親は男女雇用機会均等法が施行される前から、大企業でバリバリ働いてきたキャリアウーマン。娘は高校時代から「大学進学よりも、パティシエになりたい」と思っていましたが、母親のことを考えるとあきらめるしかないと思い、大学へ。大学4年生になっても娘はその夢を捨てきれず、一応就活はしていますが、悶々とした毎日を過ごしており、母親としてはそんな娘の姿が歯がゆくて仕方ありません。

最近の親子は仲良しな親子関係が多いです。よく会話もするし、一緒に出かけたりもします。コミュニケーションがとれていて相手の考えていることがわかるからこそ、相手に遠慮してしまって、自分が本当に言いたいことややりたいことが言えないパターンが多いように見受けられます。

この親子の場合、娘は早く自分のやりたいことを母親に伝えるべきですよね。母親はもしかしたらパティシエになることを反対するかもしれませんが、今の歯がゆい気持ちは、就活に身の入らない子どもに対して「この先どうするのか？」「やりたいことが見つかるのか？」という歯がゆさです。

もしパティシエになりたいということがわかれば、少なくとも、「やりたいことが見つかるのか？」という母親の歯がゆさはひとつ消えます。

たとえ母親がパティシエになることに反対でも、まずは子どものやりたいことを尊重して、そこから「親子で就活」を始めなければなりません。

親子でのコミュニケーションのとり方

◎会話の質に心がけを

「親子で就活」を進めていく中で、普段から親子での会話で気をつけてほしいことがあります。それは単語で話さない、ということです。会話は心と心のキャッチボールです。親子であっても丁寧な言葉使いや、主語と述語をはっきりさせるなどに注意をしましょう。

一緒に住んでいても、会話がない親子関係の場合は今からでもいいのです。いきなり子どもが心を開いてくれるわけもないですから、少しずつ会話を増やすようにしてみてはどうでしょうか? 本人にとって就活は人生の一大事ですから、きっと大変なら大変なだけ、ぽつぽつと話をしてくれるはずです。

そしてこの就活を通じて、築かれた親子関係は、その後、子どもが就職をはじめとする人生のさまざまな転機を迎えても続いていくことでしょう。

◎3つのコミュニケーションタイプ

いくつになっても、子どもは親に認められたいもの。それは親であるあなたが、あなたの親にとっては子どもであり、親の前にいるときのことを考えればおわかりいただけるかと思います。子どもはどんな年齢になっても、常に親には「認められたい」、親の前では「いい子でいたい」「愛されたい」と思っています。

そんな中、親も子も気持ちよくコミュニケーションができることはとても大事です。しかも就活は、子どもの人生にとっての一大事。あとで後悔しないためにも、親子でしっかりコミュニケーションをとりながら進んでいく必要があります。

就活は、会社があらゆる角度から学生を試す場です。学生はそこから逃げることができません。それはサポートをする親にも言えることです。「就活から逃げても、就活をごまかしても何にもならない」それを親子で肝に銘じる必要があります。

子どもが逃げそうになったら「今、逃げても何かが生まれるわけではない」と言ってあげてください。このセリフは、親であるあなたしか言えないものなのです。

よりよいコミュニケーションのためには、自分と子どもとの関係を知っておく必要があります。以下では、親子コミュニケーションタイプを3つに分けて考えています。自分たちが、どのタイプに当てはまるのかを知っておくと、コミュニケーションがスムーズになります。

①無関心・断絶型

一番コミュニケーションがとりにくい親子関係です。親か子のどちらか(または双方)が、コミュニケーションをとる気がないパターンです。ただ、このタイプも突き詰めていくと、さらに2つのパターンに分けることができます。

・親のほうが子どもに関心のない場合

このパターンは親自身が、自分の親にこの年齢になったときに「自分のことは自分で」と突き放された場合が多いと言えます。だから自分も自分の子どもに対して「自分のことは自分でやりなさい」と同じ態度をとってしまうのです。

しかし、これまでにも述べたように、時代は変わってきています。子どもも不安を抱えています。もう少し子どもに関心を持ってあげてもいいでしょう。お子さんが放っておいても自力で道を開いていけるタイプならいいかもしれませんが、それでも不安はあるものです。そういうタイプではないのなら、なおさらです。

・子どものほうからコミュニケーションを断絶してしまっている場合

これには何か理由があるはずです。それが何なのか、親のほうも怖くて聞けない、または聞こうともしていないのではないでしょうか？　これはいつかその壁を破らない限りお互いに理解し合えることはないと言っていいでしょう。このままでいいのなら、それでもいいですが、この本を手に取っているということは、なんとかしたいと思っているはずです。ぜひ親であるあなたのほうからアクションをしてみてください。

最初はなかなかうまくいかないかもしれませんが、親が心配しているんだという気持ちが伝わればコミュニケーションが成り立ってくるはずです。

②自己満足型

これは親だけが「自己満足」しているパターンです。就活においても先回りをしているので、子どもに考えさせたり答えを出させたりしていないのです。自分の感情（＝満足感）だけを優先していませんか？

子どもはあなたの所有物ではありません。子どもには子どもの人生があり、自立が必要です。このままでは、子どもがいつまでたっても自立することができないままです。時には子どもに任せることも大事です。

③一心同体型

これは②とは逆のパターンで、子どものすることや考えに何でも賛同してしまうパターンです。②が親主導なのに対して、③は子ども主導とも言えます。もうちょっと自分の感情をしっかりコントロールし、子どもを客観的に見る視点が必要です。もっと大人として、社会人として、子どもにできるアドバイスがあるはずです。

自分と子どもがどのタイプに当てはまるかをふまえて、今後のコミュニケーションに役立ててください。

子どもの心に寄り添うことも大事

◎親心を伝える言葉のかけ方

私は人を動かすのは「言葉」そのものではない、と思います。

人の心が動くとき、それは「言葉」の裏にある、その言葉の発し手の気持ちが、相手の心にささったときだと思います。繰り返しになりますが、人間だけがコミュニケーションのツールとして、「言葉」を持っているのです。

言葉は時に人を傷つけますが、それと逆に人を感動させたり勇気づけたり、奮い立たせることもできます。

わが子の心が今どんな状態なのか？　よく見極めてください。そしてその気持ちに寄り添ってあげましょう。

「アサーション」という言葉をご存じでしょうか?　これは心理カウンセラーなどが相手とのコミュニケーションをとるために行なうコミュニケーションスキルの方法です。簡単に言ってしまうと、相手に共感しつつ、自分の思っていることや考えることをうまく伝えるための方法です。

たとえば、取り組みやすいアサーションの方法に、相手の発言の語尾を繰り返すという方法があります。たとえば子どもが「今日の面接はきつかった」と言ったときに、「そう。きつかったんだね。お疲れさま」と言ってあげる、そういうことです。

自分の発言の語尾を繰り返されることで、相手は、自分の発言に「共感してもらえた」、「理解してもらえた」と感じることができます。

就活で心も体も疲れてきって帰宅して、そういう言葉を返してもらえたら、どんなにかほっとすることでしょう。親子であっても、相手を気遣う気持ちというのは大事にしなくてはならないもののひとつです。

アサーションについてわかりやすく書いてある本は、たくさんありますから、さらに詳しいことを知りたい人はそういった本を読んでもらえたらと思います。私が普段おすすめしているのは、平木典子先生の『図解　自分の気持ちをきちんと「伝える」技術』（ＰＨＰ研究所）です。

◎うまくいかないときの言葉がけ

エントリー・シートが通らない、面接で落ち続けるなど、就活ではうまくいかないことが続きます。そういうとき、親はどうするべきでしょうか？

本人が話せそうなら、「どうしてこの結果になったと思う？」とその理由を掘り起こしてみるのも手です。本人は「もうだめかもしれない」「人間として否定された」など、親が思っている以上にショックを受けていることもあるものです。

就活がうまく進まない学生の傾向として、それまでの人生で挫折した経験が少なく打たれ弱かったり、自信を持っていいことでも低く評価しがちであることが挙げられます。「自分はできる」「自分ならやれる」といった自己肯定感が低いため、ちょっとのことでも「だめだ」と思ってしまうようです。

まずは、そんな風に、自分を否定する必要はないと言ってあげてください。そしてどんどん就活について話をしましょう。イライラしたり、落ち込んでいるより、前を向いて少しでもそれを言葉にしたり、次の作業をしたほうが、確実に先が見えてきます。

就活について、何でもいいのです。企業のことでも、自分が落ちる理由でも、何でも、言葉にして話し合うことで、相手の考えていることを引き出してあげるのです。本人も自分の考えていることを言葉にすることで、今までもやもやとしていた考えが固まったり、何か「はっ」と気がつくことがあるかもしれません。

落ち続ける理由はどこかにあるはずです。それはエントリー・シートの書き方に「くせ」があるのかもしれませんし、面接での志望動機に説得力がないのかもしれません。

それを親子で丁寧に探ってみましょう。そんなときは、親子ではなくて、あなたも学生になったつもりで視線をお子さんと同じにしてみてください。就活のサポートには、社会人としての目線ももちろん必要ですが、問題点を探す場合には、学生の視線になってみることも大事です。

就活で落ち続けても、それは人間を否定されたわけではありません。その会社とお子さんの相性が合わないだけかもしれません。こちらがやれるだけのことをやったのなら、あとは結果を待つしかないのです。

「人事を尽くして天命を待つ」ではありませんが、親子で悔いのないよう、できる限りのことをしましょう。それにより互いの理解や思いやりも深まり親子関係が進展していきますし、子ども自身もぐんと成長できるはずです。

◎ダメ出しはNG

親子で就活の問題点を探っていくとき、親がとるべき態度で気をつけてほしいのは、学生に「ダメ出し」をしない、ということです。

どんなに親子関係がうまくいっている間柄であっても、「だからダメなんじゃない」「またダメだったの？」といった子どもを否定するような言葉は禁物です。

学生の身になってみれば、就活でいい結果が出ないこと自体が社会からのNGだと感じているのに、家に帰ってきてまで親に「ダメ」を出されたら、それこそ落ち込んでしまうことでしょう。

問題は「言い方」だと思います。「ここはひどい」「これは直したほうがいい」と思うことがあったら、「お母さんはこう思うけど」「新聞には◎◎するといいって書いてあったけど参考にしてみたら」「この本にこうあったんだけど……」と、相手を断定せず、「自分はこう思う」「◎◎はこう言っていた」と人のせいにしても構いませんから、やんわりと助言をしてみましょう。もちろんこの本もどんどん利用してください。

人は頭ごなしに「こうしろ」「ああしろ」と断定されてしまうと、やる気をなくしてしまうもの。うまい言い方で、子どもをいい方向に持っていってみてください。

◎プロセスごとにサポートすることが大事

就活全般を通じて親が心がけていたいのは、子どもの就活が今どの段階ぐらいまで進んでいるのか、それを常に心にとめておくということです。エントリー・シートが落ちてばかりで、なかなか先に進まない状況で、「またダメだったの？」などと言われてしまっては、かなり落ち込んでしまうことでしょう。そしてそこで就活を「もうやめる」と言い出しかねません。たくさんの学生を見てきて思うことですが、就活を中途半端にやめてしまっても、その後はなかなか前に進めないという現実しかありません。

出しても出してもなかなかエントリー・シートが通らない状態と、面接まで何社か進んでいる場合では、子どもの精神状態も違っています。よく子どもを観察してあげることが大切です。

就活のプロセスについては2章で詳説しましたが、58ページの就活のプロセスを見ながら、子どもが一生懸命エントリー・シートを書いていたら「次のステップは筆記試験と面接ね」とか、エントリー・シートが通り始めて面接も少し進むようになったら「面接日が重なったらどうする？」など、ちょっと先を見ることで、そこで起こりそうな問題を提示してあげましょう。

子どもの就活をサポートするためには、子どもの就活の進み具合の一歩先を見ていく、ということがポイントです。そうすることで就活自体の流れがよりスムーズに進んでいくことでしょう。

4章

親子で伸ばす就活力

――わが子を「内定迷子」にさせないために

就活で内定を得るために、本当に学生に必要な力とは、一体どんな力なのでしょうか？

そしてわが子のために親は、子どものどんな力を伸ばしていけばいいのか？が就活で内定を得るための鍵にもなってきます。

この章では、子どもの就活をサポートするために、具体的にわが子のどんな力を伸ばしていけばいいのか？　具体的な方法について考えてみたいと思います。

さらに情報収集の方法やエントリー・シートの書き方、面接での受け答えなど、具体的なところまで家庭生活でできるサポート方法をお伝えしていきます。

就活で必要とされる力

◎子どもの「社会力」を伸ばそう

これまで、就活を通じて学生は成長していく、と何度か述べてきました。では、就活で学生はどんな力を身につけて伸びていくのでしょうか？

学生が就活で身につける力、それはすなわち、社会に出てから必要になる力です。その力をまとめて「社会力」と私は呼んでいますが、具体的には、選択力、決断力、発信力、自立力と呼ばれる力です（それぞれの力については、次項以降で詳しく説明します）。

子どもひとりひとりに個性があるように、持っている力にも差があります。が、企業できちんと働くことのできる社会人になるためには、社会で必要な「社会力」が基本的に必要になってきます。

就職活動で身につけるべき力＝社会に出てから必要な力

内定を得るために必要な資質

- 感性の向上
- 文章力の強化
- 思考の深化
- 対話力
- 行動の機敏さ
- 共感力
- 社会変化への対応力
- 傾聴力

この「社会力」とは、この社会を生き抜くための力とも言えるでしょう。

右図のように、社会力の中にはこれらの力(決断力、選択力、発信力、自立力)が含まれており、そのひとつひとつを伸ばしていくことが就活では大切になってきます。

そしてこの「社会力」に最終的に結びつけていくために、日頃家庭で養いたいことがいくつかあります(上図)。これは内定を得るために必要な資質とも言えるものです。

これらの力を伸ばしていく具体的な方法は、この章の「レベルアップのために」で述べていきます。

選択力、決断力、発信力、自立力

◎選択力と決断力について

人生は選択と決断の連続です。それは人生を旅にたとえてみると、よくわかると思います。

あなたが外国をひとりで旅しているとします。今日はどこに行こうか？　どの乗り物に乗って移動しようか？　どの宿に泊まろうか？　それはすべてあなた次第ですよね。

あなたにはどこで何をしてもいい自由がありますが、その代わり、すべてを自分で決めなくてはならないのです。地図を見ながらどこに行こうかを選択し、そこに行くための方法をまた選択し決断していく。その選択と決断を行なう力が「選択力」と「決断力」なのです。

これは、人に依存していては養われない力です。パック旅行のようにバスにさえ乗っていれば、誰かが連れて行ってくれる、このような旅行は「選択力」や「決断力」はあまり必要ありません。

同じことが人生にも言えます。あなた（もちろん学生である子どもにとっても）の人生はあなたのもので、一度きりのものなのです。

就活において「他人任せ」の姿勢ではうまくいきません。子ども自身の就活であって、ほかの誰のものでもないのです。自分の力で内定を得たという実感のない子どもは、その後の人生も自分の力で生きていく自信を持つことができません。ぜひ、自分の頭で選択し決断できる力を子どもが持てるようにしてあげてください。

◎「社会力」の中の「伝える力」＝「発信力」

就活において、肝となるのが、エントリー・シートと面接です。この2つを突破できないことには内定は得られません。

そしてこの2つは、相手あってのもの。「エントリー・シート」「面接」という決められた枠組みの中で相手にどうやって自分を伝えるか？　自分の声を届けるか？　が、内定を得るためのポイントになってきます。

「伝える力」の重要性については2章でも説明しましたが、就活は企業という相手あってのものですから、この力はコミュニケーション能力のひとつとも言えるでしょう。

発信力を養うにはどうしたらいいでしょうか？　これは相手に何を伝えたいか？　そしてどう伝えるかを常に考えることが必要になってきます。独りよがりでは誰も耳を傾けてくれません。

特に就活、その中でも最初の関門であるエントリー・シートを通す際には、書類だけを見て判断されるため、相手の顔が見えないことも多いのです。そんな中で、自分をどう相手に伝えるか、アピールするかは、自分が相手にどう見えているか？　という客観的に自分を見ることのできるもうひとりの自分を持つことでもあります。

日頃からそういった訓練に慣れていない学生には、特に最初は親が受け止めてあげるといいでしょう。キャッチャーがいなければ、子どもも発信できないのです。

◎自立力について

これは自分の頭で考え工夫するということです。もちろん「自立」という言葉には、就職して親の経済的援助から自立するという意味もありますが、ここでの「自立」とは精神的な自立を意味しています。

実は精神的に自立しているということは、「ひとり遊び」ができるということでもあるのです。人間は基本的に「個」の生き物です。孤独を抱えているからこそ、人と交わろうとします。しかし、その根底では「孤独でも大丈夫」という「自分」がないと、人に寄りかかったままの「自分」がない人間になってしまいます。

ひとりで、外で食事をしたり映画を観たり、旅行に出かけたりする、そういう「ひとりの愉しみ」ができることは、実は、その人自身の「個」が自立していることの表れでもあります。あなたのお子さんはそういうことがどれだけできますか？

そんな当たり前のことを、と思うかもしれませんが、若者は集団に依存する傾向にあります。ということは、なかなか精神的に自立していない学生も多いということです。

内定が出るときまでに、本人がぐんと成長して、「自立力」もしっかりと身についていることを目標にしてください。

親がとるべきスタンス

◎親に必要なのは受容する姿勢

親の立場からは、これらの「社会力」を、就活を通してできるだけ早くきちんと学んでほしいところ。もちろんそのためには、親のサポートも必須です。

では、この「社会力」を子どもにつけさせるためには、どうしたらいいでしょうか？　そのために、まず必要なのは親が受容することです。

これも何度も繰り返しますが、子どものいい点も悪い点も一番よく知っているのは、親であるあなたです。だからこそ、この就活が困難な今の時代、親であるあなたのサポートが子どもには必要なのです。

本当に近年の就活は厳しい状況にあります。子どもはその中で戦っているのです。

まず大事なのは、ひとまず今のわが子を受け入れてあげることです。子どもに選択力や決断力や、発信力や自立力がなくてもです。ないからこそ受け入れてあげる、まずはそこがスタート地点です。

そこから、わが子にはどんな「社会力」が足りていないかをよく見極め、「もう少し情報を掘り下げて話してみたら？」「こういうところはもっと具体的なエピソードを入れたらいいんじゃない？」とアドバイスしてあげてください。それがその子の足りない力を育てることにもつながっていきます。

子どもは、人格を持った人間です。親だからといって、決めつけたり、尊大な態度や頭ごなしの態度は禁物です。

具体的には、命令口調で話さない、答えをすぐに言わない、できるだけ本人に答えさせる、じっくり考えさせる、といったスタンスが大事です。

◎一緒に「わからない」を解決していこう

もうひとつ、大事な姿勢が、一緒に「わからない」ことを解決していく姿勢です。親だって完璧ではありません。わからないこともたくさんあります。

たとえば親のあなたが新聞を読んでいて、疑問に思うことや全然知らないことが載っていたりしますよね？　それが、子どもが受けようと思っている業界や企業に関係しそうな内容だったらなおさらです。

そういうときは「今日の新聞にこういうことが載っていたんだけど、これってどういうことなんだろう？」「◎◎会社と△△会社が合併するらしいけど、どうして？」などと子どもに話を振って、一緒に考えたり、あなた自身が調べたり、子どもに調べてもらって、また話をしてみるなどしてください。

これは、自分の親が「わからない」と言っていることで、本人が自分の「わからない」を言いやすくなるという効果も期待できます。そうすると、さらに子どもが考えていることや抱えている悩みを知ることにもつながっていきます。そして子どもが考えていることがわかれば、さらに適切なアドバイスができることにもつながっていくことでしょう。

レベルアップのために①
情報収集する

◎就活の第一歩は情報収集

2章で就活のプロセスについてお話ししましたが、最初の作業である業界研究や企業研究のために、前段階として必要になってくる作業が情報収集です。

より深く志望する業界や企業を知るためには、まずはより多くの情報を集めることが大事です。情報が多いとそれだけ、自己PRに深みを持たせたり、志望動機を説得力のあるものに練り上げることができるからです。

業界研究なら、その業界について書かれた本を読んだり、業界専門の新聞をチェックしたり、業界の人に話を聞いたり……。企業研究なら、会社のホームページはもちろん、こちらもその企業に人に会いに行ったりすることも大事です。

親は社会人としての経験もありますし、少なくとも子どもよりは長く生きています。ここでは親は、自分がこれまで見てきた社会の中でのその業界の位置付けや、企業の変化などに着眼して情報収集をしてください。親子で同じ情報源から情報を集めるのはあまり意味がありません。子どもは、子どもができる情報収集をし、親であるあなたは、親ならではの経験を活かした情報収集に努めることが大事です。

また、実際の就活の際に、業界ごとの試験の傾向（商社で英語の試験は必須、出版社なら筆記試験や作文がある、など）や、各企業ごとの採用のプロセス（どの段階で筆記試験があるか、面接は何回で内定が出るか、その面接はグループか単独か、学生同士で討論をさせたりするか、など）を研究しておくことも大事です。

またエントリー・シートは受けたい業界が決まっているなら、ぜひその業界のトップの会社から上位10位ぐらいまでのものを集めてみましょう。そしてそれらを親子で見比べてみるのです。どんな質問が多いでしょうか？　どんなことを聞いているでしょうか？

それによって、その業界全体が求めている人間像にみたいなものがなんとなく見えてくるはずです。まずは相手をよく知ることが内定への第一歩と言えます。

そしてその情報収集をぜひ親子で行なうことをおすすめします。ひとりよりふたりで行なったほうが、より短時間で多くの情報を集めることができるからです。

◎次は情報分析を

そしてその情報をふたりで分析してみてください。先のエントリー・シートの比較もその一例です。同じ業界でも企業同士の違いや、1つの企業の中でも5年前、3年前、2年前、去年と財務の数字はどう変化してきているか？　合併や吸収は？　どんな企業活動が中心なのか？　などなど、集めたたくさんの情報をもとに分析してみるのです。

最近では、ユーレット（http://www.ullet.com/）という、約4000社の上場企業の決算書やニュースなどを検索できるHPなどもありますから、そういったものを参考にしてもいいでしょう。

情報は、ある事柄を「報せている」ことです。知識は、ある事柄を「知っている」ことです。就職活動では、「知っている」ことが重要なのです。ですから、情報を知識レベルまでに掘り下げることが就活のひとつの分かれ目となってきます。

単に企業情報を集めて「知ったつもり」にならず、「なぜ、この情報が出ているのか？」とほかの情報と照らし合わせながら、自分なりの仮説を持つことが重要です。

ホームページなどで誰にでも「報せている」自社の企業情報について、エントリー・

シートや面接などで学生が触れても、人事は「それはうちが公開している情報だから、知っていて当たり前。自分で探してきた情報を持ってないということは、それ以上、わが社に興味がないということ」だと捉えます。

情報を知識レベルに掘り下げるためには、たとえば、企業を取り巻く「時代」について調べることも有効です。そのときに、子どもが興味を持った企業が、昔どんな状況であったのか、どんな社会変化で企業が発展したのか、変化したのか、など親がアドバイスできることがきっとあるはずです。

金融業界について、どうしてこのような変化が起きたのでしょうか？　百貨店の統合問題は？　大型店舗の進出は？　フランチャイズチェーンは？　外食産業は？　親の時代と現在とではずいぶん様変わりしています。それを親の生きてきた感覚で伝えることは、情報を分析するうえで大いに役立つはずです。

父親から聞いた外食産業の話から、輸入産業に興味を持ったある学生は、エントリー・シートに「父親の時代には、家族で外食するということはぜいたくだったと聞き、これからの食文化について興味を持ちました」と、今後の日本の食生活と諸外国の食生活に関する仮説を書いたところ、大変高い評価を得て内定が出ました。

◎情報の拡大から志望動機や自己ＰＲへ

集めた情報を分析したら、今度はその分析をもとに、「未来」について考えてください（＝情報の拡大）。この「未来」は69〜70ページでもお話しした「事実・感情・未来」と同じ「未来」です。

その業界や企業は将来的にどうなりたいのか？　また現時点で抱えている問題点はどう改善されるべきか？　今後のためには何が必要なのか？　など。もちろんそれを考える際には、今の社会状況とあわせて考えることが大切です。そしてそこで自分が何をしたいのか？　何ができるのか？　も同時に考えてみてください。

つまり「企業＋社会＋自分」の未来を考えてみるということです。これも親子で一緒に作業をしてみましょう。この「企業＋社会＋自分」を考えることから、その業界や企業に対する志望動機、またそこで自分ができること（＝自己ＰＲ）が生まれてくるはずです。

未来を考えるときは、５年後までを想定してみてください。今の日本で10年後を想定することはかなり厳しい状況です。

◎就活スクラップブックを作ろう

情報は収集することだけではなく、分析して拡大していくことが大事だとご説明しましたが、そこで役立つのが「スクラップブック」です。スクラップブックは、自分の興味のある業界に関する新聞記事を切り抜き、記事に対するコメントを書くというものです。

情報は、数が集まるとデータとして分析可能になります。収集した情報は、ただ切り貼りするだけでなく、「業界」「興味」「時代」などに分類していくといいでしょう。

この作業で短い文章を読む習慣ができて語彙も増えますし、記事に一言コメントを書くだけでも格段に表現力が上がります。

私が指導している学生には、半年間スクラップブックを作ることを提案しています。3年生だったら1週間に2〜3日、1〜2年生だったら1週間に1日程度。曜日を決めてやれば、続けやすいと思います。

しかし、実際に半年間コツコツと作る学生は大変少なく、昨年は約300名中8名でした。確かにこれはとても面倒な作業で、「こんなことをやって本当に就活に役立つのか？」と、途中でやめた学生もいたようです。

一方で、コツコツと続けた学生のスクラップブックを見ると、徐々に切り抜く記事の幅が広がり、コメントも自分の仮説やほかの知識と関連付けた内容になっていき、情報が知識に変わっていく過程が明らかにわかるものでした。それは、必ず、志望動機や自己ＰＲにも役立っていくはずです。

この面倒な作業を習慣化することは簡単なことではありませんが、就活は、「98％の人がやろうと思ってもやれない」ことをやれば、必ず差別化ができます。そして、「ここまで自分はやった」という自信が生まれます。

また、汗をかきながら手を動かし、コツコツとやる子供に対しては、「大変だね」「えらいね」という言葉で片付けずに、「すごいじゃない。ここまでやっている人は、そうはいないよ」「この情報は必ず役に立つよ」という風に声をかけてください。「見てくれている」ということは大きなモチベーションにつながります。

レベルアップのために②

語彙を増やす

◎「語彙」をなぜ増やすか？

エントリー・シートでも面接でも、自分自身を表現する手段は「言葉」です。しかし、学生を指導していると、表現が平易で、語彙力がないと感じることも少なくありません。

子どもの語彙力がどれぐらいかは、面接すると一発でわかってしまいます。同じことを言うにしても、幼稚な言葉を使っているか？　それとも大学生としては及第点の言葉を使っているか？　それとも大学生以上の言葉を使っているか？（もちろん無理をして背伸びをしても、それはそれでまた見破られてしまいますが……）

人間だけが、コミュニケーションのツールとして言葉を持っているのです。それを最大限に活かさない手はありません。

就活においても、エントリー・シートを書くにしても、面接で話をするにしても、そこには「言葉」が介在します。就活においても、言葉をうまく操れる人が、有利なのは言うまでもありません。

豊かな語彙は、その後の人生も豊かにします。ぜひこれを機会にぜひ、親子で語彙を豊かにしていってください。

では語彙を増やすためには、どうすればいいのでしょうか？

◎新聞を読む

一番身近なところでは、新聞を毎日読むことです。

大事なのは、「続ける」ことですから、無理をして経済の専門紙を読む必要はありません。朝日新聞や読売新聞、毎日新聞といった一般紙で十分なのです。

もう20年以上も前の話になりますが、私が公務員試験を受けるための試験勉強中、新聞を読む際に心がけたことは「新」の文字を拾うことでした。

「新」の文字を拾っていけば、世の中でどんな「新しい」ことが起こっているかが見えてきます。しかも新聞は政治、経済、文化、世界情勢、といった情報がコンパクトにまとまっています。携帯などで配信されるニュースだと、どうしても自分の興味のある分野だけを拾ってしまいがちですが、新聞は、まだそこに「活字がある」ので、どうしても目に入ってきます。

たとえば、新聞の記事のタイトルに「新商品　ドコモでもスマートフォン」という文字があったとします。「へ～、ドコモからもスマートフォンがね」と思うのはもちろんですが、そこを通して見えてくる世の中の事情がありませんか？

今までアップルの独占市場だった市場にドコモが参入することで携帯電話業界はどう変わるのか？　それによって世の中はどう変わるのか？　などなど。

たとえば、ドコモの採用試験を受けた場合、ドコモもスマートフォン市場に参入し、これから市場でどう発展させようとしているか？　を分析することは、入社した場合にやりたいこと、すなわち志望動機などにも影響してきます。

そして新聞に関して親ができることは、親ももちろん新聞を読むこと。そしてタイムリーな話題については、こちらから話を振ってみることです。

その際は、「ドコモからスマートフォンが出たんだってね？　お母さんも買い換えようかしら」ではなく、「これでアップル社はどうなるかしら？」など、なるべく、話の展開としては世の中の動きがどうなるか？　を話し合う方向に持っていくように振ってみることが重要です。

◎「風呂、ごはん、別に」で会話が終わっていませんか？

また、豊かな語彙を身につけるためには、家庭での会話も大事です。「風呂、ごはん、別に」など、単語だけで会話をするのはやめましょう。

我が家でも、息子たちが中学生になったくらいから、私が食事の用意をする際に、「何を食べたい？」という質問に対して「何でもいい」と答えるのは禁止でした。「何でもいい」という答えは、言葉として、とても乱暴な答えです。さらに、この答えは、そこで思考も停止していますし、これから食事の用意をする相手に対して失礼でもあります。自分が今、「何を食べたいのか？」について、「昨晩何を食べたか？」「今は何が食べたい気分か？」といったことを考えたうえで、それを言葉に表現する、そういう思考方法が大事なのです。

また「主語」と「述語」をはっきりさせることも大事です。

日本語はどうしても主語と述語があいまいになってしまう言語です。「私はこう思う」「僕は◎◎だからこう思う」など、気をつけて主語と述語をはっきりさせて話すようにしましょう。

主語と述語をはっきりさせて話すことは、面接で、面接される学生が自分ひとりのときはもちろん、グループ面接のときなどにも、自分の存在や、自分の立場を明確にする際に役に立ちます。

◎良質な小説を読み直そう

文章の上達のためには、小説家の文章をそのまま自分の手で写してみるといいそうです。売れる前に、そうやって自分の文章のスキルアップをした小説家がいた、と聞いたこともあります。

さすがに小説家をめざすわけではありませんから、そこまでしろ、とは言いませんが、豊かな語彙、そしてエントリー・シートなどで書く文章をレベルアップさせるためには、親が読んでよかった小説、本人が過去に読んでよかった小説（もちろん名作とよばれるような良質なもの）を再読してみるのもいいでしょう。

親子で同じ小説を読んで、その中身について話をしてみるのもいいと思います。美しい小説は、美しい文章で書かれています。そこから学ぶことはたくさんあるはずです。

◎数字を意識することの大切さ

新聞はもちろん、ネットでもテレビでも何でもそうですが、数字を拾うことも大切です。もちろん、これは学生が志望する業界や企業の数字です。企業の創設年、業界でのシェア率、その企業が行なっている事業計画が何カ年かなどなど。

そういった具体的な数字をエントリー・シートや面接での発言に盛り込むことは、その発言や文章の内容が「事実」だということの裏付けになります。それはすなわち、発言や文章のために、積極的に調べたり足で稼いだりしたということの表明にもなります。

「業界でのシェアのかなりを占める御社を～」というより「業界で2位というかなりのシェアを占める御社を～」と語ったほうが、採用する際も「この学生は自分の会社のことをきちんと調べてきているな」という印象を持ちます。

ただし、あいまいな情報は逆効果になることもありますから、きちんとした最新のデータからの数字を拾わせるようにしましょう。

また、自分自身の話に数字を盛り込むのも同様の効果があります。「小学校のときから15年間バスケットボールを続けてきました」「大学時代は毎日欠かさず、トータルで1000日分以上、食事日記をつけています」などなど、本人の話を数字化することで、より相手はその学生自身をイメージすることが可能になります。

特にエントリー・シートでの選考は、エントリー・シートから、書いた人の人間像が浮かび上がってこなければなりません。その場合にも数字を盛り込むことは有効です。

レベルアップのために③
面接の対策をする

◎業界や企業について突っ込んだ質問を

面接対策では、その企業が属している業界全体が抱えている問題や、企業自体が独自に抱えている問題などについても親子でしっかり調べておき、それについてもきちんと答えられるようにしておくことが必要です。

たとえば「出版業界はどんどん電子書籍に押されているのだけど、君ならどうしたらいいと思う?」「最近わが社はブラジルで展開しているのだけど、なかなかうまくいっていない。あなたならどうする?」といった問題など。こういった質問にきちんと答えられるためには、つけ焼き刃の情報だけでうまく答えられるはずがありません。そのためにも「業界研究」や「企業研究」はとても大事になってくるのです。

もちろん面接する側も、こういった業界や企業が抱えている問題について、本気で問題解決になるような素晴らしい答えを求めているわけではありません。面接する側も答えが見つからないからこそ、学生にも質問しているのです。

面接する側は、この学生はきちんと業界のことや自分の会社のことを調べてきているのか？　そして本気でうちに来たいと思って受けているのか？　を見ています。そして、この今の時代において、企業が直面している問題や改善点を本気で自分たちと一緒に解決したいと思っているのか？　そこを見ているのです。それはすなわち、「この学生と一緒に働きたいか？」ということにも通じてきます。

また、「働くということの意味は？」といった「働く」という根源的な問題から派生する質問や哲学的な質問も、ぜひ答えを考えておいてほしい問題です。

面接される側も、こう聞かれたらこう答えようと頭の中でシミュレーションしているだけでは、限界があります。いくら頭の中だけで考えていても、実際に声を出してみると、「もっとこういうことも言いたい」「こういうことが言いたいわけではなかった」となることも多々あるものです。自分の考えをきちんとまとめて言えるようになるためにも、声に出して練習することはとても大事です。

そして親は、きちんとした日本語で話せているか？　態度はおかしくはないか？　など、子どもの答える姿を一歩引いて見てあげてください。特に話すときの目線は、質問した面接官の目を見てしっかり答えているか？ 変に目線が泳いだりしていないか？ にも注意を配りましょう。

164～165ページの「面接力チェックテスト」で、面接の練習をした後や実際の面接を受けた後に、わが子が陥りやすい落とし穴をチェックしてみてください。

◎親が面接を受ける立場になってみる

これは、かなり親子間のコミュニケーションがとれていないとできないことかもしれませんが、可能なら子どもが面接官、親が学生の立場になって面接のシミュレーションをしてみることをおすすめします。

面接のシミュレーションをするときは、子どもが書いたエントリー・シートをもとに行ないます。基本的な質問は、「自己PRを1分で」「志望動機は？」の2つです。さらに、「学生時代に打ち込んだことは？」「うちでやりたいことについて具体的に言ってみて」といった一般的な質問のほか、エントリー・シートを面接官が見たときに突っ込みたくなるような内容を子どもに質問してもらいましょう。

Q. 面接力チェックテスト

面接を振り返って、当てはまるものに☑をしてみてください。

落とし穴1

- ☐ 笑いがあった面接は通過する
- ☐ 面接は目立ったもの勝ちだと思う
- ☐ なごやかな面接なのに落ちることが多い
- ☐ 落ちるのは自分を出し切れていないときだ
- ☐ ありのままの自分で面接にのぞみたいと思う

落とし穴2

- ☐ 事業内容をよく知らないまま受けた
- ☐ 企業研究はネットで調べるだけだ
- ☐ 志望企業が望んでいる人物像を即答できない
- ☐ 面接対策本の解答見本例をそのまま使っている
- ☐ どの企業でも自己PRの内容は同じ

落とし穴3

- ☐ 一次面接で落ちることが多い
- ☐ 回答を丸暗記して面接にのぞむ
- ☐ 事前に用意してきた内容は全部話す
- ☐ 面接官と話が盛り上がらない
- ☐ 社会人と話す機会が少ない

落とし穴4

- ☐ 人が自分をどう見ているかがわからない
- ☐ なぜかいつも同じ質問をされる
- ☐ 答えにくいことを聞かれる
- ☐ 短所を隠すようにしている
- ☐ 面接でも嘘をつくことがある

落とし穴5

- ☐ 落とし穴1～4に当てはまらないのに落ちたことがある
- ☐ 実は心底働きたい企業ではない
- ☐「第一志望です」と即答できなかった
- ☐ とりあえず大企業に入社したい
- ☐ いつも最終面接で落ちる

A. 前ページで一番☑の多かったところが、お子さんが陥りやすい落とし穴です。これらの落とし穴の中身について、以下に具体的に解説していきますから、参考にしてみてください。

落とし穴1

笑いをとれば面接官に気に入られるとお子さんは思っていないでしょうか？　たしかに盛り上がったほうが、盛り上がらない面接よりは、面接官の印象はいいかもしれません。しかし、面接官が見ているのはそれだけではありません。笑いをとる、雰囲気を盛り上げることよりも、自分の志望動機や熱意をしっかりと相手に伝えることに心を砕かさせましょう。

落とし穴2

ここに☑が一番多かった場合は、リサーチ不足、準備不足以外の何物でもありません。もっと自分の足で業界研究や企業研究を行なわせるようにしましょう。そしてそれを自分なりに咀嚼して、自分の言葉で吐き出させることが大事です。どこかから借りてきた誰かの意見というのは、相手にもすぐに見破られてしまいます。

落とし穴3

おそらく面接では、がちがちに緊張して、うまく「自分らしさ」が出せていないのではないでしょうか？　準備が万端なのは何も言うことはありませんが、もう少し面接の場で応用がきくようにしましょう。そのためには、もっと面接の練習をしたほうがいいでしょう。親とだけではなく、OB訪問などで実際の社会人に会いに行き、社会人と話す機会を作る必要もあるでしょう。

落とし穴4

面接で本当の自分を出すように心がけていますか？　面接官はお子さんのことを「どうも胡散臭い」と思いがちのようです。それは受け答えに「真実」が感じられないからです。もしかして「そつのなさ」を出そうと必死なのかもしれませんが、それでは面接官の心を動かすことはできません。取り繕わず本当の自分を出させるようにしていきましょう。

落とし穴5

一言で言えば学生の「本気度」が足りないようです。お子さんは面接官に「本当にうちが第一志望なのかな？」と思われてしまうことが多いようです。もっと、その会社に行きたい！　という熱意を、態度や言葉で表せるようにしてください。そうしないといつでも「別にこの学生はうちじゃなくてもいいのでは」と思われて終わってしまいます。

子どものエントリー・シートを見ながら答える際に、親が思わず「うっ」と答えに詰まってしまうような質問もあるでしょう。このとき子どもは、「この質問にこの答えをもらっても、理解できない」「うわべだけの答えになっているな」と、面接官の視点を理解できるようになります。一度面接官の立場になってみることで、質問の意図も見えてくるのです。

また、子どもが自分のエントリー・シートを客観的に見直すいい機会でもあります。私は毎年、学生とこの練習をやっています。

◎面接を振り返ること

面接が終わったら、その面接を振り返ることも大事です。面接後はすぐにカフェなどに入り、聞かれたことと、答えたことをノートなどにメモして、うまく答えられなかったことは、次に同じことを聞かれたらきちんと答えられるようにしておきましょう。

面接を振り返ることで、子どもは自分の弱点に気がつくことができ、次の面接をよりよいものにすることができます。164~165ページの「面接力チェックテスト」も、親子で参考にしてみてください。

5章

親子で就活の「迷路」から抜け出すためのQ&A

——子どもがつまずいたとき、どのように助けるか？

これまでの章では、親子で就活を行なうことの重要性や、具体的なサポート方法について述べてきました。

最近の就活は、スタートが早いこともあって長期化する傾向にあります。

そんな中、本人がすっかりやる気をなくしてしまったり、もう就活をやめる、と言い出すことがあります。

そんなとき、親はどんな態度をとればいいのか？　さまざまな状況に応じた、対応の方法を考えてみたいと思います。

子どもがつらいときこそサポーターの出番

◎就活が長期化すればするほどサポートが必要

最近の就活は3年生の秋頃から始まります。早い学生で内定が出るのが、翌年の4年になってすぐの4～5月頃。決まらない場合には夏、秋とどんどん長期化していきます。その間にゼミや卒論の準備など、大学4年生ならではの「やらなくてはならないこと」もこなしていかねばなりません。

もちろんそんな長い間、就活に100%の力を注ぎ続けていくことは不可能でしょう。まずはエントリー・シートが通ることが最初の関門ですが、出しても出してもエントリー・シートが通らないと、本人も疲れてしまって「もうやめようかな」と思い始める学生も少なくありません。

そうやって就活に苦しむ子どもを横で見ているのは、つらいものです。

そんなとき、親として最大限のことをしてあげたいと思うのは当然のこと。子どもの様子をよく見ながら、その時どきで最適なアドバイスをして、ベストな道へ進めるようにしてあげましょう。

◎中途半端でいいことは何もない

多くの学生を見てきて思うのは、中途半端に就活をやめてしまっても、その先の道は開いていかない、ということです。

大学4年生が持つ「新卒」という肩書きは、大学や大学院にでも入り直さない限り、人生で一度しかない資格です。ですから、就活ではその肩書きをフルに使うべきです。

内定が出ないまま中途半端に就活をやめて卒業した場合、卒業後に就活をしても、すでにその人は「既卒」扱いになってしまい、中途採用にしか応募することができません。

たまに新聞社などいくつかの企業では既卒であっても年齢が若ければ、新卒のような扱いで未経験者を採用しますが、そういった企業はどんどん少なくなっています。

近年、大学卒業後3年くらいまでの社会人を「第2新卒」という扱いにして積極的に採用していこう、という動きもありますが、正直なところ、この第2新卒に取り組んでいる企業はまだまだ少ないのが現状です。これも新卒で一度企業に入社して退社した人が主な対象なので、内定が出ないまま大学を卒業してしまう場合とは、意味合いが違うと言えるでしょう。

何のキャリアもないのに「既卒」では、すでに大学を卒業して何年間か（たとえそれが1年間でも）社会で経験を積んだ人たちとの差は歴然です。

社会での経験がある大人なら、誰でもわかることですが、社会人の世界は、そんなに甘くありません。

「新卒」という肩書で応募してくるからこそ、就活を通じての態度（エントリー・シートに書かれている内容や面接でのマナーなど）が、多少つたなくても採用する会社は大目に見てくれるというところがあります。それはその採用活動が「新卒」のために用意された採用活動で、応募してくる学生にとっても、皆が「新卒」という枠でくくられた中での戦いだからです。企業はその「つたなさ」よりも、学生の将来性に期待をして、採用をするのです。

一方、「既卒」を対象にした採用ではキャリアが2年の人もいれば、5年の人もいます。

そんな中で、何のキャリアもない単なる「既卒」が太刀打ちできるかというと、それが無理なことなのは一目瞭然だと言えるでしょう。

長い就活の間では、中だるみすることも、もちろんあります。「もうやめたい」と思ったら、いったん中断してもいいのです。でも、また結果が出るまで、活動を続けてください。

我が家の場合も、割と早い時期に一社から内定が出ました。就活を始めた初期の頃は、イメージで「いいな」と思う業界を受けていたようですが、その業界で内定をもらっても、どことなくしっくりきていなかったようです。その後も就活を続けていくうちに「ここで働きたい!」と思う企業に出会え、そこに就職することができました。

続けていれば、必ず結果が出るのが就活です。親も子もあきらめずに、親しかできない、その子の心に寄り添ったサポートをしてあげてください。

◎親だからできる環境づくりやちょっとした心遣いを

大学生が親と一緒に住んでいる場合、学生にとって、心配しすぎる親は時にうっとうしい存在ですが、就活で落ち込んでいるときなどは、誰かと住んでいることで気が紛れるということもあるものです。家に帰ると心配してくれる人がいる、それだけで人は安心感を得られるのではないでしょうか？

それはきっとあなたのお子さんも一緒のはず。嫌なことやつらいことは、誰かに話すだけで、気持ちがすっきりするものです。ぜひ、子どもの就活での愚痴を聞いてあげましょう。

何だか言いたくなさそうなときは「お茶でも飲む？」と声をかけ、一緒にお茶を飲んでテレビを見たり、他愛もない話をするだけでもいいのです。話したくなさそうなときは無理に質問をしないことも大事です。

◎子どもがひとり暮らしの場合

ひとり暮らしなら、就活でうまくいかなかった気持ちをそのまま引きずって帰宅しても、家に誰もいなく、その「どよん」とした気持ちがずっと続いてしまい、なかなか気持ちの切り替えがうまくいかないことも多いでしょう。

もちろんそういうひとり暮らしの学生には、自分でうまく気持ちの切り替えを見つける方法を探し、うまく気持ちのコントロールをしてほしいものです。あなたのお子さんが、ひとり暮らしなら、こまめにメールや電話をしてあげてください。

わが家の場合には、まず「お風呂に入る？」と帰宅したら、お風呂に入ることをすすめています。お風呂に入ることで、緊張していた体もほぐれるし、体がリラックスすることで、頭や心もゆるめることができると思います。

また、夜中までエントリー・シートを書いて行き詰まっていそうなときなどは、「ココア飲む？」などちょっと甘いものをすすめたり、お茶や軽い軽食をすすめてみるのもいいでしょう。気分転換をすることで、煮詰まっていたことに対する解決の糸口や、新しいアイディアが生まれることがあるものです。

「コネ」「お金」のサポートはどうする？

◎コネは利用するべきか？

コネにも、どの程度のコネなのか、レベルがあります。そのコネを利用すれば一発で内定をもらえるものから、ＯＢ訪問をして話を聞かせてもらう程度のものまで、さまざまです。また親の直接の知り合い、というコネもあれば、間に何人かの人を挟んでのコネ、という場合もあります。

基本的に、就活の進行状況そのものに影響がなく、業界や職種に関して話を聞かせてもらえるような「人の紹介」レベルのコネならどんどん利用するべきでしょう。これは業界研究の一端でもあるからです。

ただ、そのコネを利用するとなると、何人もの人に協力をしてもらう必要がある場合と、すぐに内定をもらえるというレベルの場合には注意が必要です。

まず前者の場合には、その間に立ってくれている人たちへの配慮を忘れないこと。つまり、紹介してもらう前後や就活の途中での報告を忘れないということです。それも電話で報告したほうがいいのか、メールでいいのか、その辺は親であるあなたが細かく教えてあげる必要があります。

後者の場合は、コネを利用するべきか否か事前によく考える必要があります。コネを利用して内定をもらい「やっぱりその会社に行かない」という場合、よっぽどの理由が必要です。とにかく断る場合には、間に立ってくれた人に多大な迷惑がかかります。時にはその人の社内での信用問題にかかわってくることもあるでしょう。その辺をよく考えたうえでよく親子で話し合いをし、コネを利用するか否かを決めてください。

◎就活にかかる費用はどうするか？

就活は意外とお金がかかります。

スーツや靴、かばん代のほか、企業に行く際の交通費（これもインターンシップやＯＢ訪問、説明会、面接など１つの企業でも何回も足を運ぶ必要があります）や、資料代、エントリー・シートの郵送代など。地方の大学の学生が、都市部の企業を受ける場合には、新幹線代やバス代、時には飛行機代がかかる場合もあります。

基本的には本人がバイトをするなどしてまかなうのがベストだとは思いますが、就活をしながらバイトをするのも大変なことです。親が貸してあげて、あとから返してもらうなど、できるだけ自分で負担させるようにするといいでしょう。

また、就活にいくらかかっているのか、費用をノートにつけておくのもいいでしょう。さらに費用はもちろんですが、就職日記をつけるのも必ずしてもらいたいことです。

社会人になったら日報や経費の精算をすることが必ず出てきます。これまで日記やおこづかい帳をつけたことがなくても、就活を機会にそういった作業に慣れておきましょう。

エントリー・シートがなかなか通らないとき

◎就活の最初の関門

何と言っても、就活の最初の難関はエントリー・シートが通るか通らないかです。

エントリー・シートで落ちてしまう場合、面接と違って相手が直接見えないだけに、どうして通らないのかはっきりとわからないしんどさがあります。「就活をやめたい」となるのも、それが原因であることが多いのです。

エントリー・シートを書くには手間がかかります。そこにどれだけ手間をかけて自分を落とし込んでいるか？　どれだけその企業のことを調べ、さらに自分自身に引きつけて書くことができているか？　といったことが、エントリー・シートが通るか通らないかの分かれ道になります。

通らない場合には、まず親子でもう一度、本人の小中高時代を振り返ってみましょう。

自分自身がどういう人間なのか、をもう一度洗い直すのです。

親が覚えていて、本人が覚えていないエピソードなどもあるはずです。そういった話をしながら、自分はどういう人間なのかをもう一度見直してみる機会を作ってみましょう。

企業研究も同様です。企業研究の場合は、①企業自体のことを調べきれていない場合と、②その企業に対して自分が何ができるのか、何をしたいのか、といった志望動機が弱いということが考えられます。

もしかしたら根本的に、その企業や業界自体が、本人に合っていないのに、ただ「イメージがいいから」「昔から知っているから」という理由だけで選んでいるということも考えられます。そういう場合には、企業選びの軌道修正も必要になってきます。

とにかくエントリー・シートが通らないことには、その先に進めません。エントリー・シートを書く作業はつらい作業ですが、ぜひ精神的不安を軽くしてあげてください。

◎受ける企業がなくなったとき

エントリー・シートに落ち続けて、エントリーしている企業がなくなってしまう、つまり、手元にエントリーしている企業が1つもなくなってしまうことがあります。このようなとき、子どもは絶望的な気持ちになっていることでしょう。

そういうときには、視線を変えてみることが大事です。

大きな企業の場合には、本社で採用が終了していても、子会社や関連会社がまだ採用をしていたりします。その際は「本社がダメだったからうちに来たんでしょ？」と言われることは覚悟のうえで受けましょう。そこで相手を納得させるだけの理由があれば、何の問題もありませんし、入社後のグループ会社同士の異動や、転籍（会社を移ること）制度などで、本社に異動することが可能な場合もあります。

比較的大きな企業（＝たくさんの学生に内定を出す企業）では、一度春に学生に内定を出したあと、秋に再度募集をかけるところもあります。そういった情報も逃さないようにしましょう。

また、学生向けの就活情報サイトだけが就活の情報源ではありません。

大学の就職課に相談してみるのもいいでしょう。就職課には求人情報が集まってくるだけでなく、学生のために就活セミナーを行なったり、個別に相談に乗ってくれたりもしていますから、利用しない手はありません。

特に出身大学のＯＢが経営している会社の求人などは、自分の大学にしか求人を出さないこともありますから、こまめにのぞいてみてください。

さらにハローワークに行ってみるのもおすすめですし、新聞の求人情報も、既卒対象の中にたまに新卒採用の情報が載っていますから、忘れずにチェックをしてみましょう。

◎「新卒」入社は最初のステップ

「新卒」にこだわることは、先にも述べた通り大事なことですが、新卒で入社した会社で「一生」働く、といった固定観念を捨ててしまうことも大切です。

ここで内定が出た会社で人生が決まってしまうわけではありません。もし、どうしても働きたい業界があるならば、小さいところでもいいから、とりあえずその業界の中の会社に就職して、転職をしながらステップアップしていけばいいのです。

「新卒」での入社は、学生がその後のキャリアを積んでいくためのスタート地点、第一歩にすぎません。長い目で見た場合、今、第一希望の会社に入れたからといってその後の「働く幸せ」まで約束されたわけではないのです。希望の会社に入れたとしても、会社が倒産することもあれば、不本意な部署に配属になることもあります。

もっとアンテナを広く張って柔軟な視点で会社選びをすれば、受けられる会社はまだまだたくさんあるはずです。

面接がどうしてもうまくいかないとき

◎面接には「いい落ち方」と「悪い落ち方」がある

面接には、「いい落ち方」と「悪い落ち方」があります。

「いい落ち方」は極端に言ってしまえば、学生に「非」はない落ち方です。最後の最後で「社風にあっていない」とか、お子さんと同じくらい接戦の学生がいて、相手がその会社の社長と同じ大学だったとか（いまだに日本の企業は「学閥」という言葉があるくらい、出身大学が重要だったりしますので……）、お子さんにはどうすることもできない理由で、残念ながら落ちてしまった場合は「いい落ち方」だといえます。

その企業がだめでも、ほかにぴったりの企業が必ずあるはずです。ゴールはすぐそこまできています。落とされた企業とは「縁がなかった」とすっぱりあきらめ、そのまま就活を続けていきましょう。

きっとその企業以上に自分にあった企業に内定が出ることでしょう。

逆に「悪い落ち方」もあります。これは、面接官の質問の意図するところに答えられていないために、落とされている場合がほとんどです。

もう一度相手が何を聞いているのか、よく考えて質問に答えるようにしましょう。集団面接なのに、ひとりだけ長々と話したり、質問に対してとんちんかんな答えをしたり、企業研究が足りなく相手の突っ込みにうまく答えられなかったり、といろいろなパターンが考えられます。

◎なぜ、面接が通らないのか？

エントリー・シートで落とされる場合と違って、どうして落とされたのか？　が自分でも比較的わかるのが面接です。エントリー・シートが通るようになれば、内定までぐっと近づいたと言っていいでしょう。

ただ、中には面接自体が苦手な学生もいるはずです。口ベタだったり、あがり症だったり……。性格的に初対面の人との会話が苦手、という人は、できるだけ親であるあなたが相手になって練習をしてあげるといいでしょう。本番で緊張して言いたいことがスラスラと話せない人は、相手の質問を想定し、繰り返し声に出して話す練習をしておくと本番でもスムーズに話せるようになります。また、面接のどういうところが弱いのかは、164～165ページのチェックテストを参考にしてみてください。

面接までたどりつけたら、あと一歩です。最後まで粘ることを支援していけば、結果はついてくることでしょう。

◎面接が重なったとき

ある程度、就活が進んで、企業の面接日が重なったとき。どちらに行くべきでしょう？どちらを選ぶかに、その人の価値観が出ます。

親子で選ぶ会社が一致すればいいですが、そうではない場合はどうしたらいいでしょうか？　親であるあなたは、あなたの目から見て判断した意見を言ってみましょう。あなたの意見を聞いたうえで、最終的に選ぶのは、わが子でいいのではないでしょうか。

なかなか内定が出ないとき

◎焦らずに、受け止めてあげること

それでもなかなか内定が出ないと、本人も焦りが出てきます。特に周囲の友人に内定が出始めると、かなり精神的にも苦痛になってきます。

そういうときこそ、親はどんと構えていてあげましょう。親も「大丈夫かしら」と内心不安になってしまうのはよくわかります。が、親も子どもと一緒になって不安や心配が態度に出てしまったり、オロオロと不安定になってしまっては、何のいいこともありません。かえって本人の不安をあおるだけです。

なかなか内定が出ない場合には、「大丈夫」「会社は400万社もある」と励ましてあげてください。

そして、本人の悩みや不安をきちっと受け止めてあげましょう。悩みや不安を言葉にするだけでも、本人は楽になるものです。

本人から投げられた不安や悩みは、「それってこういうこと？」「もしかしたら、こういうこと？」というように違う言葉に変換して返してあげてください。

そうすることで、本人は「自分の悩んでいたことはそういうことか！」と解決の糸口が見つかることもあるのです。

◎理由を考えること

内定がなかなか出なくても、面接までいっている場合には、あと少しの道のりです。面接の何がよくないのか？　どこかにツメの甘さがあるはずです。それは志望理由に説得力がないのかもしれませんし、熱意が今一歩なのかもしれません。もう一度今までの面接を振り返って、問題点を考え直してみるといいでしょう。

面接までいかずに落ちてしまっている場合には、業界や職種選びに問題があると考えられます。今、志望している業界や職種が根本的に合っていないのかもしれません。

親からのアドバイスももちろんですが、大学の就職課に話を聞きに行くなど、第三者のアドバイスを仰いでみてください。

就活状況は刻々と変化しています。たとえば、大手の募集がもう終わっているのに、いつまでも大手にこだわっていても、それは時間の無駄というときもありますよね。就活状況全体から見た客観的なアドバイスをもらうことも大事です。

中だるみしているとき

◎休んでしまうのも手

昨今の就活は長期戦だと先ほど述べました。そんな中、途中でやめたくなってしまったり、どうもやる気が出なくなったりすることもあります。いわゆる「中だるみ」がこれにあたります。

そういうときは思い切って休んでしまうのもありだと思います。中だるみ状態のまま、だらだらと就活を続けていき、いつまでたっても結果が出ず、就活自体をやめたくなってしまったら、それこそ大変なことです。

最近「なんとなくやる気がなさそうだな」とか「リクルートスーツに袖を通した姿を最近見ていない」という場合には、「ちょっと休んだら」と声をかけてあげてもいいでしょう。

ただ、その際は、最長でも2週間程度にとどめましょう。そしてあまりうるさいことは言わないことです。そっと見守ってあげましょう。

たとえば教職を取っている人は、実習に行くのがいい気分転換になったりします。また、何か資格について調べてみたり、勉強をしてみたりするのもおすすめします。

ちょっと休むことで、本人も自分を客観的に見られるようになり、再び前向きに就活に取り組むことができるようになるはずです。その後の就活の後半戦へのはずみをつけるためにも、思い切って一度休んでしまうというのもありなのです。

就職浪人を考え出したとき

◎覚悟が必要

本人が「就職浪人をしようかな」と言い出したとします。もしそれがまだ4年生の夏くらいまでの間なら、「もうちょっと違う業界も見てみたら？」と言ってあげてください。夏くらいまでなら、求人もまだ多くありますし、夏以降に再度採用を始める企業もあります。まだダメだと決まったわけではありません。

それが秋以降なら、一緒に就職浪人について考えてみてもいいでしょう。ただその際、よく見極めなければならないのは、本人がどれだけ真剣に「就職浪人」をする気があるのかということです。

単なる現実逃避なら、わざわざ就職浪人をしても結果は同じことです。内定を得るためには、今内定が出てない自分のどこがいけないのか？　というその理由である「何か」に気がつかなければ内定は出ません。それに気づくためにもう1年必要なのか？　ということです。親子でじっくり話し合ってみてください。

1年のブランクの「メリット」と「デメリット」を親子で正直に書き出してみるのもいいでしょう。「なんとなく」の先延ばしは、必ず後悔することになります。今、なぜ、就職浪人を考えているのかをきちんと把握してください。

そしてもう1年頑張るということは、金銭的な問題もあります。そこもクリアできるなら、就職浪人をしてもいいと思います。就活にもう1年かけるということは、親であるあなたの覚悟も必要だということを付け加えておきます。

内定が出たらどうする？

◎いつ就活をやめるか？

うれしいことに、内定が出たら立て続けに内定が出ることがよくあります。これは本人がどうしたら面接が通るかというコツを身につけたことの表れでもあります。

ただ、内定をいくらたくさんもらっても、入社できる会社は1社です。一番行きたい会社に一番最初に内定が出たら、それがベストかもしれませんが、就活をしているうちに、それまで気にもとめなかった業界や企業に興味を持つようになることもよくあることです。

どこで就活をやめるか？　は難しい問題ですが、本人が一番納得のいく形が出たときにやめるのが一番いいのではないかと思います。

最初に内定が出た会社が、本人にとってベストだと思える会社なら、そこでやめるのもよしですし、「もうちょっと頑張ってみる」というのなら、そうするべきでしょう。内定

が1社でも出ていれば、本人もかなり気が楽になっているはずです。おそらく面接なども
リラックスして受けられるはずなので、その後もいい結果を出すことができるでしょう。
内定をもらっているのに、まだ100%納得ができない場合には、何に納得できないの
か、何が引っかかっているのかについて考えてみてください。
まずは、その理由をすべて言葉に書き出させてみましょう。頭と心のモヤモヤは、言葉
にすることで解決しやすくなります。そして親はぜひ、その考えを掘り下げるための話し
相手になってあげてください。

内定が出ると、本人も「本当にこの会社で働くんだ」と思うことで、内定が出た会社に
対する見方がより深く厳しく敏感になってきます。
私の息子の場合もそうでした。最初にあるサービス業界の会社に内定が出たのですが、
内定者の集まりにやって来た先輩に「うちの会社の仕事は楽勝だよ」と言われ、その「楽
勝」という言葉が引っかかったようです。
「仕事とはそういうものだろうか？」と仕事に対して真摯に考え直し、本当にこの会社で
いいのだろうか？　と疑問を持った結果、就活を続けることにしました。そして最終的
に、納得できる企業に内定をもらうことができたのです。

このように、自分が納得できる内定を得るまで就活を続けることは、入社後のミスマッチを防ぐためにも、とても大事なことです。

◎内定ブルーになったとき

「内定ブルー」とは、内定が出ているのに「何で内定が出たのだろうか?」と悩んでブルーになってしまうことです。いくら頑張っても内定が出ない学生にとってはうらやましい話ですが、内定ブルーになる学生には2タイプあります。

ひとつは自分に自信がないのにどうして内定が出たんだろう? と悩むタイプ。もうひとつは、この会社でいいのだろうか? と自分がその会社にさして熱意もなく、相性がいいとも思えないのに内定が出た場合です。

どちらの場合も、もう一度、自分が本当にその会社に行きたいのかをよく考えてみることです。そして「違う」と思うなら就活を続けるべきだと思います。自分を取り繕って得た内定や、今ひとつ魅力を感じていないのに内定をもらった会社に勤めても、すぐにほころびが出ますし、それは会社と自分の双方にとって不幸な結果を生み出してしまいます。

◎内定が複数出た場合

内定が複数出ていても、行きたい会社が決まっているのなら、問題はありません。しかし、複数の同じくらい行きたい会社から内定が出た場合にはとても悩むことでしょう。

繰り返しますが、就職できる会社は1社しかありません。複数の内定をいつまでも握りしめているのは、ほかの学生にとっても迷惑な話です。よく考えたうえで「できるだけ早く手放す」のが筋というものです。

私が見てきた学生に、百貨店（バイヤー）と広告代理店（営業）と小売業（入社後は必ず店長に配属）に内定が出た学生がいました。彼は悩んだ末に、広告代理店に行きました。彼が一番やりたいことは「営業」だったからです。

その学生は父親がアパレル業界に勤めていたため、アパレルの仕事も魅力的に感じていました。が、百貨店に入社しても、営業に配属されるかどうかはわかりません。その学生は内定後に実際に内定を出してくれた会社で働いている人たち（人事の人ではなく現場の人たち）にも話を聞きに行き、自分が社会人になってやりたいことに一番近いことをやらせてくれる企業に行ったというわけです。

複数内定が出た場合に、どこに行くかには本人の価値観が出ます。親はそれを見守り、かつ本人があとで後悔しない道を選ぶよう、アドバイスしてあげるのがいいのではないかと思います。

6章

子どもが社会人として活躍するために

——就職がゴールではない

「内定」が出たとき、それは子どもも親もほっとするときです。特に本人は、とてつもない達成感と安心感を抱いていることでしょう。

親にとっては、それがまさに子育てにひと区切りがついた瞬間です。

が、油断は禁物。「内定」はあくまでも「内定」であって、本人が実際に働き始めるまでにはまだ時間があります。この残された時間をどう過ごすかによっても、4月からの社会人生活に違いが出てくるのです。

6章では、内定から卒業するまでの時間を無駄にしないためにどうしたらいいか、そして今後の親子関係について考えてみたいと思います。

内定後の貴重な時間をどう過ごすか？

◎内定後の過ごし方が社会人スタートダッシュのポイント

希望通りの企業に内定が出たら、本人も親もほっとひと息、となるはずです。まずは、この就活で子どもがどんな努力と成長をしたかを、親子で振り返りましょう。

子どもが自分自身の成長を喜べるということは、就活の醍醐味です。1年間近く苦労して挑んできた就活の結果、これから社会人として働き自立するのだ、ということを自分で反芻する機会を持たせてください。

今、苦戦している人も、内定が出たら、就活を続けていてよかったと思えることでしょう。まだ内定が出ていなくて、親子ともに苦しい人も、ギリギリまであきらめないで続けてください。どうしても就職浪人を考えるなら、190〜191ページをもう一度読み直して考えてください。

内定が出たら肝に銘じてほしいのは、ここがゴールではないということです。「内定」は社会人になるための切符を手に入れただけです。本当のスタートは4月になってからなのです。

内定がいつ出たかにもよりますが、まずは残りの大学生活を丁寧に過ごしてください。卒論を書かねばならない学生もいるでしょうし、卒業旅行のための資金作りにアルバイトに励むのもいいでしょう。

◎生活を社会人モードにしよう

また、社会人になったら、学生のときとは意識も行動も大きく変えなければいけません。それを数日間で変えることはできませんから、内定が出たあとは生活を「社会人シフト」に切り替えていくようにしましょう。それは、親にとって最後の「しつけ」でもあります。

たとえば、「時間観念」。入社後は、基本的には毎日同じ時刻に出社することになります。まずは起床時間を社会人時間に変えていきましょう。そのときは、「始業時間が何時で、支度に何分かかるから、何時に起きる」ということを子ども自身が調べ、決めていくことが大事です。自分の生活を自分で計画し決定していくことも、社会人にとって必要な力です。

特に、朝の時間の使い方は、社会人としての道の分かれ目になることもあります。一般的に、入社後しばらくは「試用期間」ということになります。その間にたとえ数分であっても遅刻が重なれば、最悪の場合、「契約の打ち切り」の声が上がる心配もあります。そこまでいかなくても、その後の仕事内容や異動などに不利が生じる可能性もあるのです。仕事上のリカバリーは決して簡単なものではありません。習慣というのはなかなか身につかないものですが、社会人としていいスタートが切れるよう、今から社会人生活を見据えて生活していくことが大事なのです。

ほかにも、語学が弱いな、と思ったら卒業までにＴＯＥＩＣの点数を２００点上げておく、内定が出た会社の業界の専門書を読んでみる、など、４月までにできることはたくさんあるはずです。

成長した子どもと
よりよい未来を築いていく

◎社会人になってからの親子関係

親は就活が終わったら、わが子を改めて観察してみてください。どうでしょう？　たくさんの「壁」を乗り越えて、ぐっと大人に成長したと感じるはずです。「はじめに」にも述べましたが、本当に世の中はどうなっているの？　というくらい、今の就活はいろいろな意味で厳しい状況にあります。そんな中、大変な努力を重ねて内定を得たわが子は、人間としても大きく成長しています。

そして親である限り、自分の子どもとはずっと付き合っていかねばなりません。これから社会に出て、就活以上につらいことや大変なことが起きるかもしれません。そんなときは、そっとサポートをしてあげてください。つらいときは、きっとお子さんも親子で就活を乗り切ったことを思い出すことでしょうし、相談してくることと思います。また、その時点でのあなたとお子さんの間には、子どもからの危険信号のシグナルをキャッチしやすい関係がすでにできあがっているはずです。

就活を親子で乗り切ったことで、親子関係も変わったはずです。つまり、就活は、子どもを一人前にするための最後で最高のコミュニケーションになり得るものなのです。うまく就活を乗り切れた親子なら、就活を始める前と今では、各段に親子のコミュニケーションがとりやすくなっているのではないでしょうか？

わが家も、就職して1年が経ちましたが、社会に出たことで、大人になったな、と思える発言が多々あります。また同じ社会人という土俵にいるということで、同士のような感覚もあります。この先もきっとよき相談相手として、子どもは親にアドバイスを求めることでしょう。就活を通して、素直な気持ちで親と向き合える関係が築けたことは、子どもにとってもプラスのことなのですから。

◎すぐに「会社を辞めたい」ということになったら

たとえば、もし子どもが「会社を辞めたい」と言い出したときも、ゆっくり話を聞いてあげてください。そして一緒に何がベストの道かを探してあげてください。

この場合の「一緒にベストの道を探す」というのは、お互いに依存し合った関係ではありません。それぞれが自立した人間ということが前提で、話し合いをしてほしいと思うのです。お互いひとりの社会人として、その問題をどう思うかについて、じっくり話し合ってみるのです。

たとえば、就業条件があまりに過酷すぎるのに、上司や担当の部署に相談しても改善されないなど、親のあなたから見ても「どうにもならない」という状況なら辞めてもいいかもしれません。それはケースバイケースになると思いますが、本人が納得できる道、そして未来のある道を選択することが大事になってきます。

◎よりよい未来のために

親子でいる時間はこれからもまだまだ続いていきます。これからの時間をお互いにとって有意義な関係のまま続けていけることを願ってやみません。

子どもの就職は親にとっても、子育ての区切りになります。気持ちよく子育てを卒業して、未来へとつなげていきましょう。

おわりに

「あぁ～、終わった」。2年前の2009年11月、1本の電話を切ったあとに、二男と私が同時に発した言葉でした。

リーマンショック後の厳しい就職状況の中、特段の取り柄も目標もなく、「どうにかなるだろう」とタカをくっていた次男。現実はそう甘くはないと思っていても、私自身も、どこか次男を過信しているところがありました。

いざ、就活が始まってみると、次男はエントリーの企業すら自分で選べない。さらにパソコンの操作もなんだか心もとない。エントリー・シート提出の段階では、「とりあえず書けばいい」と思っていたようです。

ここで私は気づきました。一番身近なところに「内定迷子」がいた、と。

今では余裕を持って振り返ることができるようになりましたが、当時は正直、息子が就活生であることを人に言うことすら躊躇することもありました。その私の中にある「親の見栄」や「エゴ」が、次男にプレッシャーを与えていたのは、本書にも書いた通りです。

「母さん。僕が就職できなかったら、母さんの仕事に影響あるよね？」と、心配そうな顔をしてポツリと漏らした次男の言葉に、ハッと我に返りました。「冗談じゃない。自分の息子をしっかりサポートできずに、他人様の支援などできるわけがない」と。

私はまず、息子の性格、行動、学習歴、自主性、思考性、協調性、共感力などを振り返ることから始めました。そして、次男の就職活動で起きるであろう葛藤や落ち込みをしっかりと受け止めていこう、と腹をくくりました。

同時に決意したことは、「就職支援のプロ・小島貴子」という立場を一切捨てる、ということでした。親として、いつも指導していることを丁寧にやろう。そう決めてのぞんだものの、これは想像以上に困難なことでした。最終面接で「うちの会社に就職したいのではなくて、ただ〝内定〟が欲しいだけなのではないか?」と採用されず、落ち込む息子を見て、本人以上のダメージを感じつつも、笑顔でサポートしなければならないつらさも経験しました。


わが息子は「世間知らず」でしたが、「社会を知らなければ、先に進めない」ことを理解してからの次男は、自分なりに努力し、少しずつ「自分の人生の大きな節目」に立ち向かっていったようです。そのようにしてやっと出た内定で、息子がつぶやいた一言は、「僕を入れてよかったと言ってもらえるようにがんばろう」でした。

就活は、子どもが社会人になるための大きな試練ですが、ここでの成長は非常に大きなものであると実感しています。ひとりの親としてできることは小さなものかもしれませんが、就活を乗り越えたあとは、自立した子どもと「協働」できる関係になれるはずです。

この本は、多数の親子を支援してきたキャリアカウンセラーとして、そして、ひとりの親として経験したことを書かせていただきました。

親が子どもの就活を支援するというと、「過保護」と思う方もいます。その反面、この就職困難時代に子どもの支えになれるのは親しかいない、できるだけのことをしてしっかりと社会に送り出してあげたい、というのも親心だと思います。親が先回りをするのではなく、親にしか見えないこと、親だからできることをサポートしてあげましょう。

そして何より、親も子どもの就活を新しい社会を見つめ直す好機と捉えて、前向きな姿勢でのぞむことが必要だと考えています。親が明るい気持ちでいることが、子どもの行動を活発にすると実感する毎日です。どうか、口角を上げて子どもと向き合ってください。

小島貴子

著者略歴

小島　貴子（こじま　たかこ）

東洋大学経営学部経営学科准教授、早稲田大学商学部非常勤講師、埼玉県雇用・人材育成推進統括参与

1958年生まれ。三菱銀行（現・三菱東京UFJ銀行）勤務。出産退職後、7年間の専業主婦を経て、1991年、埼玉県庁に職業訓練指導員として入庁。キャリアカウンセリングを学び、職業訓練生の就職支援を行ない、7年連続で就職率100%を達成する。

2005年に埼玉県庁を退職後、立教大学で「コオプ教育コーディネーター」として社会と大学を結びつける活動に従事する。2007年、立教大学大学院ビジネスデザイン研究科の特任准教授に就任。2011年4月より現職となる。

著書に『学生のためのキャリアレッスン』（日本能率協会マネジメントセンター）、『就渇時代の歩き方』（主婦と生活社）、『働く意味』（幻冬舎）、『就職迷子の若者たち』（集英社）、『子供を就職させる本』（メディアファクトリー）など多数。

その他、メディア出演や、雑誌連載、セミナー・講演、研修など多岐にわたってキャリア支援を行なっている。母として2人の息子の就活を経験し、就活生の親向けセミナーも好評を博している。

HP：http://www.fellowship-lab.jp/

わが子を「内定迷子」にさせない！

親が伸ばす子どもの就活力

平成23年8月5日　　初版発行

著　者――小島貴子

発行者――中島治久

発行所――同文舘出版株式会社

東京都千代田区神田神保町1-41　〒101-0051

営業（03）3294-1801　編集（03）3294-1802

振替00100-8-42935　http://www.dobunkan.co.jp

印刷／製本：萩原印刷

ISBN978-4-495-59401-5

Printed in Japan 2011